JN154669

大前研一通信・特別保存版 Part.12

AI時代に必要な学び
～インプットからアウトプットの競争へ～

大前 研一
ビジネス・ブレークスルー出版事務局
編 著

ビジネス・ブレークスルー出版

はじめに：「AI時代に必要となる新たな学びとは」

　今、日本の教育業界では、現行の大学入試センター試験が、2021年から新しい共通テストに切り替わるなど、一連の教育改革への対応が焦点となってきており、新学習指導要領が重視する思考力や判断力、表現力を問う観点から、新たに記述式を出題（国語、数学）、英語は従来の「読む」「聞く」に加えて「話す」「書く」の４技能を測る民間検定試験の活用も始まります。文部科学省や経済産業省なども、2020年度の小学校でのプログラミング教育の必修化を控え、AIなどに強いIT人材の育成につなげるべく、小学校のプログラミング教育の普及に向けて動き、政府は、AIを扱うIT関連の人材を2025年までに数十万人規模で育成、採用する目標も掲げています。

　その一方で、人工知能（AI）が人類の知性を超越し、2045年には追い抜き、社会に大変革をもたらすと言われる「シンギュラリティ」の出現も囁かれています。

　AIが発展、浸透しつつある現在、大前研一は、こう警鐘を鳴らします。

　『21世紀の経済は、サイバー社会、ボーダレス社会、マルチプル（倍

率）社会、そして現実の社会の四つが一緒になってできている「目に見えない経済大陸」だ、と私は『新・資本論』などの著作で20年前から述べてきました。目に見えないものは、誰も教えることができない。つまり、自分で探りに行くしかない。では、どうすればいいのか。これまでのように誰かから教えてもらい、それを覚えるという学びのスタイルでは駄目。自分で学びたいことを選び、自ら学ぶ。そういう姿勢が不可欠です。教えられたことをひたすら覚えることが得意だった人たちは、これからAIに仕事を置き換えられてしまうでしょう。』（10年後に産業界は一変する　自ら学ぶ人以外生き残れない　週刊ダイヤモンド 20181/5/12号より）

　今回で第12弾となる会員制月刊情報誌「大前研一通信」特別保存版のこの書籍の第1章では、新興国で進むデジタル化と、同時多発するイノベーション都市の紹介をはじめ、米中ハイテク戦争もひきあいに、国家のAIに対する認識や、米中のAI企業、人材、論文数比較、また企業も含め、国際的な場で活躍できる人材が非常に少ない日本の問題にも触れ、日本企業の人材育成の課題でもある「リカレント教育」に関しての大前研一のメッセージに加え、あらゆる年齢層に対し生涯に渡る教育を提供するビジネス・ブレークスルー（BBT）の大学・大学院で学んだ各年代の方の声も、学び直しのロールモデルの参考としてご紹介します。続く第2章では、"Science, Technology, Engineering and

Mathematics"の頭文字をとっているSTEM教育に対し、A（Arts）を加えることで、単に芸術を学ぶだけでなく、デザインやクリエイティブな視点も重視した「STEAM教育」を「AI時代に子どもたちは、何を身につけるべきか」というテーマで解説、加えて、AI人材育成のためのプログラミングを使ったモノ創りを通じて学ぶオンライン講座も詳細にご紹介します。第3章では、世界各国でそのプログラムが導入され、国内でもその導入を政府が推進する「国際バカロレア（IB）教育」関連のシンポジウムでの講演録や、IB教育の実例紹介なども掲載するなど、専門家による記事も含め、これまでのインプットの競争からアウトプットの競争となるであろうAI時代にこそ必要となる学びの姿、その考え方に関しての様々なメッセージをご紹介しています。

　この書籍を手に取られた、AI時代に対峙していかなくてはならない貴方自身はもとより、これから更にその時代に直面することになる子ども達が、何を、どう学ぶべきかということを、きっと感じ取っていただけるかと思います。

2019年2月

大前研一通信／アオバジャパン・インターナショナルスクール　小林 豊司

目次

はじめに：「AI時代に必要となる新たな学びとは」 *3*

〈AI時代サバイバル〉
第1章：人間の真価が問われる新時代：AI時代の到来と新たな教育 *13*

1．新時代、人間の真価が問われる"デジタル・ディスラプション" *15*

（1）スマホが新しい経済空間＝見えない大陸を実現した *15*
◎新興国で進むデジタルシフト、同時多発する"イノベーション都市" *15*
Column ◇【都市別のGDP予測】大阪や名古屋はメガシティ繁栄の条件に欠ける *17*
◎米中ハイテク戦争、その星取表はいかに？ *18*

（2）自動車、流通・小売……有無を言わせぬ破壊が進んでいる *20*
◎自動車産業を直撃するデジタル・ディスラプションの3つの波 *20*
◎流通・小売業を襲う"Amazon Effect" *21*

（3）デジタル・ディスラプション時代の人材育成、まずはグローバル人材を *24*
Column ◇カネを出しても国連への影響力が少ない日本 *26*

2．リカレント教育：社会人の学び直しの必要性 *28*

（1）「みんなで頑張ろう」は崖にぶつかるのが早まるだけ〜先の読めない時代の人材戦略「軽く、薄く、少なく」──"エクセレント・パーソン"の時代〜傑出した個人を獲得せよ *28*
◎会社組織の高齢化、自由に解雇できない「雇用の膠着化」 *28*
◎北欧の労働市場改革のキーワード"フレキシキュリティ" *29*
◎見通しの悪い世の中で人材の固定化は自殺行為 *30*

（2）中高年層・シニア層を活かしつつ20世紀型の経営観から脱却せよ　*31*
　　◎21世紀の人材戦略は「軽く、薄く、少なく」　*31*
　　◎「みんなで頑張ればどうにかなる」時代は過ぎ去った　*32*
　　◎ミッドキャリア、シニア層に力を与える意義　*34*
　　◎「21世紀型人材戦略」とはどういうものか？　*34*
（3）人材戦略をめぐる社会の視点〜制度上の問題　*37*
　　◎何重にも立ち遅れている日本のリカレント教育　*37*
　　◎"フレキシキュリティ"とは真逆を行く安倍政権　*38*
　　◎先の見えない、答えのない時代に、何をすべきか？　*40*
　　Colmun ◇リカレント教育／経済財政白書／IT人材／日立製作所〜リカレント教育、IT人材の育成など、各役所がバラバラに動いているだけ　*42*
　　Column ◇日本のIT人材育成は小学校から徹底するしかない　*44*
（4）学び直しのみちしるべとなるロールモデルを探そう　*46*
　　◎日本のリカレント教育の現状とBBT大学大学院について　*46*
　　◎インタビュー：ロールモデルの紹介について　*49*
　　◎BBT大学大学院について　*51*

〈AI時代サバイバル〉
第2章：必要となる学び：STEAM教育　*53*

1. バイリンガル教育×IB探究型学習──国際社会で豊に生きるための術を育む　*55*

　AJB理事長インタビュー　*55*
　　◎日本人のアイデンティティも育めるグローバル教育　*55*

2. AI時代に子どもたちは何を身につけるべきか　*58*

　(1) はじめに　*58*

(2) STEM ／ STEAM　*59*
　(3) 好奇心　*62*
　(4) 英語 - 世界中でコミュニケーションできる力　*64*
　　＊現状の英語教育の課題　*64*
　(5) "STEAM+ 好奇心＋英語" を融合したアクションラーニングの必要性　*66*
　　Column ◇ 10 年後に産業界は一変する：自ら学ぶ人以外生き残れない　*69*

3．AI 人材育成のためのオンラインプログラミング講座 (p.school)　*74*
　(1) なぜ小学生からプログラミングを学ぶのか？　*74*
　(2) p.school で開講する AI（人工知能）シリーズが目指す "もの創り" とは？　*78*
　(3) AI 人材育成のためのオンラインプログラミング講座　*80*
　(4) p.school の目指すところ　*83*
　　Column ◇ p.school サマーイベント『Drone で学ぶプログラミング！』イベントレポート　*85*
　(5) 小学校でのプログラミング教育を生かすには？　*87*
　　◎第 1 回　*87*
　　◎第 2 回　*89*
　　◎第 3 回　*92*

〈AI時代サバイバル〉
第3章：必要となる学び：国際バカロレア（IB) 教育　*97*

1．アオバジャパン・インターナショナルスクール　*99*

　【独占インタビュー】アオバジャパン・インターナショナルスクール 柴田巌理事　*99*

◎注目が集まるアオバジャパン　*99*
◎柴田巌氏インタビュー　*100*
◎【見学！】アオバジャパン・バイリンガルプリスクール　早稲田キャンパス　http://istimes.net/articles/835　*101*
◎【見学！】アオバジャパン・バイリンガルプリスクール　晴海キャンパス　http://istimes.net/articles/854　*102*
◎国際バカロレアというフレームワーク　*102*
◎これまでの教育と新たな教育の姿　*103*
◎オンラインとアオバの学び　*105*
◎AI の発展と教育　*106*
◎ビジネス・ブレークスルーとアオバジャパン　*107*
◎保護者が付加価値を感じること　*108*
◎教育の重要性　*110*
◎何歳から複数の言語で探究的に学べるか？　*111*
◎カリキュラムの自由　*111*
◎マインドセットが必要なのは親　*113*
◎グローバル化する日本の町内　*114*
◎教育の変化と社会の変化のスピード　*115*

2．日本の国際バカロレア（IB) への取組み　*117*

Column ◇「国際バカロレアに関する国内推進推進体制の整備」事業受託に関するお知らせ　*117*
Column ◇第 1 回国際バカロレアに関する国内推進体制の整備事業シンポジウム開催結果について　*119*

第 1 回国際バカロレアに関する国内推進体制の整備事業シンポジウム 2018 基調講演　*122*

◎国際バカロレア認定校 200 校への期待と展望──国際バカロレア日本大使　坪谷ニュウエル郁子氏　*122*
◎保護者視点から考えるグローバル人材と IB ──キリロム工科大学学長、EO 日本支部・アジア理事、一般社団法人 WAOJE 代表理事　猪塚武氏　*135*

◎IB 教育を通じてどのような生徒が育つのか── IBAP 日本担当地域開発マネージャー、玉川大学大学院教育学研究科　星野 あゆみ氏　*149*

3．IB教育の実例紹介（TOK）：「国際バカロレアから教育の未来を考える」　*168*

　現実の社会から逆向き設計で教育を考える　*168*

　TOK とは何か　*170*

　※ TOK デモンストレーション──その１　*172*

　1-⑴　実社会における具体的な事例と向き合う　*172*

　　　─誰かのために代弁してあげる─　*172*

　　　─仲裁が当然の役割と思うこと─　*173*

　　　─果たして正しい行為なのか？─　*173*

　　　─当事者同士？ あるいは仲裁？─　*174*

　1-⑵　事例の分析を通じて、深い問いを見出す　*174*

　　　─思いやりってなんだろう？─　*175*

　　　─「思いやり」の背景を考える─　*176*

　1-⑶　導き出された問いを他の実社会の状況に当てはめる　*176*

　※ TOK デモンストレーション──その２　*177*

　2-⑴　実社会における具体的な事例と向き合う　*177*

　2-⑵　事例の分析を通じて、深い問いを見出す　*179*

　　　─責任を知るための方法を用いて分析してみる─　*179*

　　　─問いの生成を通じて他の事例とのつながりを考える─　*180*

　2-⑶　導き出された問いを他の実社会の状況に当てはめる　*180*

　TOK がもたらすグローバル人材の資質形成への期待　*181*

あとがき・謝辞　*183*

〈AI時代サバイバル〉

第1章：人間の真価が問われる新時代：AI時代の到来と新たな教育

1．新時代、人間の真価が問われる"デジタル・ディスラプション"

（1）スマホが新しい経済空間＝見えない大陸を実現した

◎新興国で進むデジタルシフト、同時多発する"イノベーション都市"

　スマホ経済というものが世界化し、世界中にイノベーション都市というものがいくつか出てきています。主なイノベーション都市を地図で示しました（図1）。北米大陸の西海岸では、ロサンゼルス、サンフランシスコすなわちシリコンバレー、それからバンクーバー、シアトルなどです。一方、中国には、中国のシリコンバレーこと中関村、これは北京の西北部に位置しています。それから深圳、アリババグループの本拠地である杭州、同じくアリババグループのアリペイが本社を置く金融の中心・上海、そして台湾の新竹もあります。深圳は40年前には人口30万人の都市でしたが、今では1,300万人です。

　2015年の時点では、世界の10大都市という統計では東京と大阪が入っていましたが、2035年の予想図では東京しか残っておらず大阪は脱落しています。代わりにそこに深圳が入り、中国の都市では北京、上海、深圳が世界10大都市にランクインです。新興国の都市の場合には、深圳のように「リープフロッグ（leapfrog, 蛙跳び：固定電話が普及していない新興国で携帯電話やスマホが先に普及するなどの追い抜き）現象」で一気にデジタルシフトが進み、競争力を持つ都市に急成長するケースが見られます。

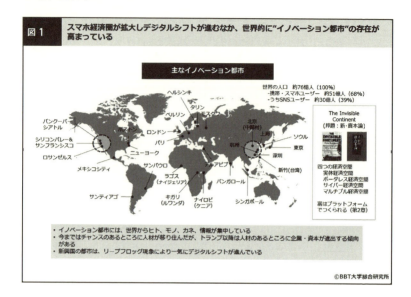

図1 スマホ経済圏が拡大しデジタルシフトが進むなか、世界的に"イノベーション都市"の存在が高まっている

　約20年前、2000年に私は『The Invisible Continent』という本を発表し、それは翌年日本語に翻訳され『新・資本論』（東洋経済新報社）として出版されましたが、その中で次のようなことを述べました。21世紀の大陸は目に見えないものである。実体経済の外側に、ボーダレス経済、サイバー経済、マルチプル経済という3つの新しい経済空間が出てきて、これをうまく制した人間しか勝者になれない。新しい経済空間の中で、新しい経済をつくることに成功したところに富が集まる。イノベーションを起こした都市に世界からヒト、モノ、カネ、情報が集まってくる。富はプラットフォームでつくられるのであって、国家が単位である必要はない。ビジョンがあれば十分だ——およそこのような趣旨ですが、今の世の中で世界の競争というものは、国家の競争ではありません。"メガビジョン"の競争なのです。世界の人口約76億人のうち51億人がスマホユーザーで、SNSのユーザーが30億人もいます。そのような新しい経済空間＝見えない大陸を制するビジョン、メガビジョンのあるところこそが、競争力のある強い世界都市、

イノベーション都市なのです。

(大前研一ビジネスジャーナル　No.17 より /masterpeace)

Column ◇【都市別の GDP 予測】大阪や名古屋はメガシティ繁栄の条件に欠ける

　公益社団法人日本経済研究センターは、日本と米国、アジアの 13 の国と地域の主要 77 都市を対象に「都市別のＧＤＰ予測」をまとめた。それによると、2015 年時点の上位は、ニューヨーク、東京、ロサンゼルス、大阪、シカゴ、ヒューストンの順で、10 位以内に米国 8 都市、日本 2 都市が入って中国はゼロだったが、30 年の予測では 10 位内に北京、上海、深圳（しんせん）、重慶と中国の 4 都市が入っている。

　一方、米国は 5 都市に減り、日本も東京だけになった。大阪は 11 位、福岡も 53 位に下落している。アジアの他の都市では、ジャカルタが 27 位、マニラが 31 位、バンコクが 36 位、クアラルンプールが 40 位に上昇している。

　また、都市別の 1 人当たり GDP ランキングでは、15 年時点も 30 年予測も、IT のスタートアップ企業が多いサンフランシスコ都市圏が 1 位。アジアでは都市国家のシンガポール、香港の順だった。

　いま世界では、国の競争だけでなく、メガシティの競争が起きている。メガシティに繁栄が集まる傾向があるのだ。このことは、「THE END OF THE NATIONATATE（FREE PRESS 社）」邦題「地域国家論（講談社）」という著書にも詳しく書いた。また、カリフォルニア大学ロサンゼルス校（UCLA）大学院で教えている公共政策論も、「メガシティの繁栄」をテーマにしている。

　日本の場合、権限が東京に集中しすぎている。大阪や名古屋は人口規模ではメガシティだが、「世界中から人がやってくる」「企業もくる」「お金がくる」「情報がくる」というメガシティ繁栄の条件には欠けている。

　大阪も万博だとかＩＲ（カジノを含む統合型リゾート）だとかいっ

てイベントを呼び込もうとしているが、経済的にはけし粒ぐらいの影響力しかない。札幌、仙台、福岡などがメガシティを目指そうとしても、みんなで足を引っ張って潰そうとしている。

メガシティ繁栄のためには、地方自治について規定する憲法8章の92～95条を書き替え、中央集権から経済的に自立した道州制への移行が必要だ。

憲法第8章の定めでは、地方は単に国から業務を委託された出先機関で地方公共団体という呼称で呼ばれている。地方の役所は国からの交付金によって運営されている。そのため、地方が独自に産業を誘致することは難しい。1つの州が国家のように三権を持ち、独自に産業政策も行なえるようになれば、メガシティも生まれる。

このための単位として道州制を導入することがメガリジョンの競合に打ち勝って繁栄していく必須条件だ。地方に真の自治権を与えるようにしなければ地方創生などは絵に描いた餅だ。狙いは世界中から人・カネ・モノ・情報が毎日くるようにすることだ。そういった日本の地方の自由度が繁栄の条件。失われた平成の30年を乗り越えて新元号とともに道州制への移行を果たし、新しい成長軌道に乗る。これを強烈な意思を持ってやらなくては、次の時代にも平成と同じく世界の中で日本の存在感は薄れていくだけだろう。

(夕刊フジ2018/12/22号)

◎米中ハイテク戦争、その星取表はいかに？

米中ハイテク戦争ですが、いろいろな面での比較をまとめ、どちらが上回っているか"星取表"をつくってみました（図2）。意外に中国が善戦していることが分かります。まず主なイノベーション都市としては、米国はシリコンバレー／ベイエリアです。それからシアトル、ニューヨーク、ロサンゼルス。中国は北京、上海、杭州、そして深圳です。新興企業向けの株式市場としては米国にはナスダック、一方の中国には深圳証券取引所の創業板というものがあります。

～インプットからアウトプットの競争へ～

図2 デジタル・ディスラプションの主導権を巡る、米中IT企業の競争が激化している

主なIT企業。米国はFacebook、Apple、Amazon.com、Netflix、Googleとおなじみの名前が並び、中国の場合もバイドゥ、アリババ、テンセント、iFlyTek、センスタイムなどがあります。ユニコーン企業、未上場で想定時価総額が10億ドル以上のスタートアップ企業は米国に121社、中国には76社あります。日本にはメルカリ、DMM.com、プリファード・ネットワークス、ペプチドリームというバイオの会社、サイバーダインという装着型のロボットメーカーなどがありますが、メルカリは上場してしまいましたので4社です。ユニコーン企業の具体的な名前としては、米国はUber、Airbnb、SpaceXに対して、中国はDiDi、アントフィナンシャル、DJIなどがあります。

国家のAIに対する認識としては、米国は死んでもリーダーの座を守ると言っています。かたや中国は2020年に先進国に肩を並べて、2030年には世界のリーダーになると言っています。AI企業数は米国が2,028で中国が1,011と約半分。AIの人材は米国が2万8,000人対中国1万8,000人。一方AIの論文数はもうすでに中国が米国を抜いて

います。論文の質はまた問題になるかもしれませんが。

(大前研一ビジネスジャーナル No.17 より /masterpeace)

(2) 自動車、流通・小売……有無を言わせぬ破壊が進んでいる

◎自動車産業を直撃するデジタル・ディスラプションの3つの波

　デジタル・ディスラプションとは様々な産業の領域に破壊的なイノベーションをもたらす現象ですが、その最たるものが自動車産業への影響です。自動車産業には3つの波——EV化、シェアリング化、自動化——が同時に押し寄せ進行しています。自動運転のEV車が皆さんを迎えに家の門までやって来るという時代が、フィクションではなく現実にもうすぐ到来します。2035年までにこれらがどのくらい進行する

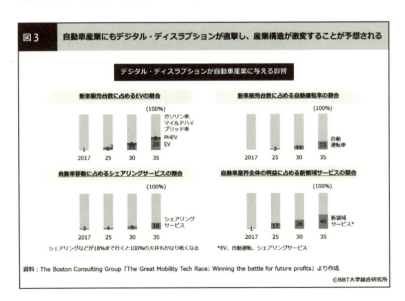

図3　自動車産業にもデジタル・ディスラプションが直撃し、産業構造が激変することが予想される

資料：The Boston Consulting Group「The Great Mobility Tech Race: Winning the battle for future profits」より作成

©BBT大学総合研究所

～インプットからアウトプットの競争へ～

かをグラフにしました（図3）。その頃にもなれば自動車を所有する人は非常に少なくなるでしょう。おそらくは現在の3分の1以下になると言われています。車をつくることに長けている日本の企業にとって非常に困難な時代が到来するということでもあります。にもかかわらずそこでUberのような新しいサービスは、日本では、まだほとんど育っていません。このままでは非常に大変な状況が日本を襲うことになるでしょう。

◎流通・小売業を襲う "Amazon Effect"

自動車産業と並んでデジタル・ディスラプションによる大きな打撃を受ける産業は小売業です。最大手のAmazonを始めとするeコマースの発達がもたらす小売業への影響はAmazon Effect（アマゾン効果）と呼ばれています。Amazonと主な米国小売事業者の時価総額を比較しますと、ウォルマート、クローガー、コストコ、ホームデポなど小売

業者上位7社を全て合わせてもAmazonに敵いません（図4左）。

　Amazon Effectの事例をいくつか見ていきましょう（図4右）。まずデス・バイ・アマゾンというものがあります。これは「Amazon恐怖銘柄指数」の別名です。Amazonの収益拡大や新規事業参入などを受けて業績が悪化すると見込まれる米国の小売業54社で構成されるインデックスです。上記の小売業者上位7社のうちホームデポ以外は全てデス・バイ・アマゾンにリストアップされている銘柄です。Amazonが新規事業参入、例えば処方箋の薬を家に届ける、しかもプライム会員に対しては送料無料で、かつ半日で、ということをやり始めますと、処方薬のチェーンというものがひっくり返ってしまいます。まさに"Amazonによる死"であり、このインデックスを見ていると暗い感じになります。

　早くもトイザらスは死んでしまいました。2017年9月18日に米連邦破産法11条（チャプター・イレブン）の適用を申請して破綻しました。続いてシアーズも2018年10月15日に、同じくチャプターイレブンの適用を申請し、一部店舗の年内閉店とCEOの辞任を発表しました。私が学生時代に米国へ行っていた頃は、全ての大都市の中心部にはシアーズがドーンとあったものですが、そのシアーズが終わってしまいました。

　日本でも最大の百貨店、三越伊勢丹ホールディングスが2017年11月に大規模な早期退職制度を新設し話題となりましたが、近年は全くいいところがありません。20年くらい前はやはり新宿伊勢丹の2〜3階には若い女性がたくさん来て、アパレルの中心街、まさに「ファッションの伊勢丹」でしたが、今はその影もありません。その早期退職制度とは退職金の上乗せ支給を柱とするもので、対象は部長級では従来の50歳から48〜49歳にまで引き下げられました。つまりバブル期入社組を狙い撃ちにしているのです。上乗せ支給とは、従来の退職金にプラス5,000万円積み増すということです。「バブル期に入社して二十数年、肩書に胡坐をかいてふんぞり返っているようなやつは再教

育しても意味がない。この先使いようがない。金やるから辞めてくれ」という話です。

　その他、ワールドは再上場するも株価は下落、好調だったしまむらも変調を来しているという状況です。これらに関してはAmazonよりも、メルカリ、バイマ（企業名はエニグモ）、それからエアークローゼットなどの台頭が大きいでしょう。若い女性たちは実店舗で買い物をするよりもスマホアプリでこれらのサービスを利用するほうが多くなったということです。バイマを使えば海外ブランドのファッションが、都会も地方も関係なしに、しかも安く買えるのです。ファッションの地方格差がなくなりました。そんな状況では三越伊勢丹の特売の情報などはもうお呼びでないのです。

　バイマが安い理由はいろいろありますが、専門の業者ではなく個人の素人が出品しているということがあります。旅行など買い付けとは違う目的で海外に行き、ついでに免税店で仕入れたものを正規店よりも安く売る、といったケースです。お小遣い稼ぎの副業のような格好です。バイマは基本的には新品を扱い、中古品には専用のBUYMA USED MARKETが用意されていますが、メルカリの場合は中古品が主流です。クローゼットの整理をしたついでに着なくなった服を売り、それで得たお金でまた何か買う、といった具合です。

　エアークローゼットは月額制のファッションレンタルサービスです。借り放題9,800円のレギュラー、月1回3着6,800円のライトの2種類のプランがあり、クリーニング代も含まれています。特長はプロのスタイリストによるコーディネートで、好きなファッションスタイルや色、利用するシーンなどを登録すると、それに応じてスタイリストが選んでくれるのです。ここで使われているのは、売れ残ったアイテム、いわゆるアウトレット品です。御殿場や軽井沢などのアウトレットモールに並んでいるような洋服が、エアーに、ネットの中にあって、それをユーザーが自分のクローゼットとして使う、スタイリストまでついている、というわけです。このように、店に行って服を選ぶ

という感覚が多くの若い女性からなくなってきているのです。

(大前研一ビジネスジャーナル No.17 より /masterpeace)

(3) デジタル・ディスラプション時代の人材育成、まずはグローバル人材を

さて、以上のような大きな変化が今起こっているため、日本企業の人材育成というものは大変です。日本企業の人材育成の課題は、大別して2つあります（図5）。

1つはデジタル・ディスラプション時代の人材育成です。デジタル・ディスラプション時代に生き残れるような人とはコンピューターにできないことができる人ということであり、それはつまりインスピレーションとかイマジネーション、構想力、0から1の発想などを持った人です。人間にしかできないことができる人間ということですが、今

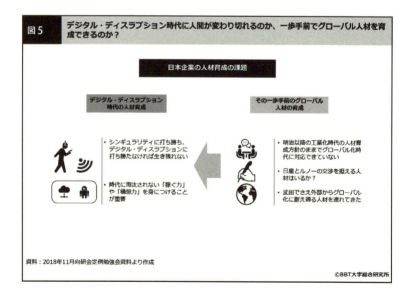

の日本の教育を受けていてはそういう人間が誕生するのはほとんど無理でしょう。自分で考えて自分で答えを見つけるような教育ではなく、答えは覚えてしまえばよいという教育だからです。

　もう1つは、デジタル・ディスラプション時代に対応、の一歩手前のグローバルな場で活躍できる人材を育成することです。言語力が非常に重要となります。フィンランドのように大学を全部英語化してしまうと、10年経てばだいぶ変わります。私もマレーシアのマハティール首相のアドバイザーをやっていた時には、教室で使うのはマレー語と英語のどちらでもよいようにしては、と提言し、学校の自由度に任せました。結果的には理数系の教科は英語で、国語や宗教はマレー語で教えるということになりましたが、英語で教えてよいということになると世界中から先生を呼ぶことができるのです。英語で育ってしまう、つまり英語"を"学ぶのではなくて英語"で"学ぶ、というやり方です。

　デジタル・ディスラプション時代の人材育成でまず整えるべき仕掛

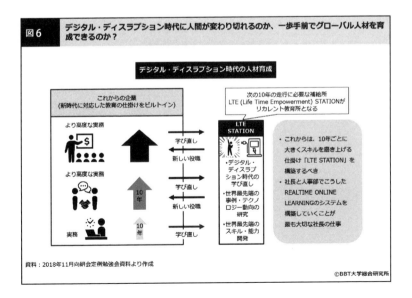

けは、"学び直し"です。大学を出て会社に入ってきてもまずは1回叩き直す必要がありますし、10年に1回くらいはかなり抜本的に教育をし直すような体制が必要です。日本政府の言うリカレント教育というのは定年退職の前5年間だけのことで、年金の支給を引き延ばすための方便です。そういうものではなく、入社してまず10年後、次の10年後、その次の10年後と、周期的に学び直しを行って、より高度な実務に対応できるスキルを身につけなければなりません。最先端の事例やテクノロジーを知り、バイマやエアークローゼットなどをなぜ若い人は好むのかということが分かるようにならなければ駄目です。かなり厳しい人材育成のチャレンジが我々の肩に掛かっています(図6)。

(大前研一ビジネスジャーナル No.17 より /masterpeace)

Column ◇カネを出しても国連への影響力が少ない日本

　国連は先月22日、2019〜21年の国連通常予算の国別分担率を定める決議案を総会で採決した。分担率は各国の国民総所得(GNI)などの経済指標をもとに算定し、3年に1回改定している。1人あたりのGNIが小さい途上国は負担が軽減され、その分、経済力のある国が負担する。

　この通常予算の国別分担率の1位は米国の22%、2位は急速な経済成長を遂げる中国の12%、日本は8.5%で3位だった。日本は1980年代から保ってきた2位の座から陥落し、中国に4ポイントも差がつけられた。

　予算面で存在感が低下すると、発言力の低下につながる懸念を抱く人も多い。しかし、これを機に経済力だけに頼る外交から脱皮すればいい。

　実は国連については、分担金よりも重要な数字がある。各国の国連事務局職員数は、米国、ドイツ、フランス、イタリア…ときて、日本は9位だ。職員数は第二次世界大戦の戦勝国が多いと思いきや、ド

イツもイタリアもトップ4に入っている。これまで日本は分不相応の カネで国連を支援してきたが、人材の支援はまったく足りていないの だ。国連職員は所得税が免除されるなどメリットが多い。先を競って その職を求めるのかと思いきや、日本からは志願する人がさっぱり出 てこない。

 だから、カネをいくら出しても国連への影響力が少ないのだ。日本 は国連安全保障理事会の常任理事国にドイツ、インド、ブラジルなど を誘って何回も立候補しているが、まったく通らない。中国やロシア に拒否権を使われるからだが、その対抗工作もできていない。

 問題は、国連のような国際的機関で活躍できるような人材がいない ことだ。かつて明石康氏が国連事務次長やユーゴスラビア紛争収拾の ための事務総長特別代表に就任したが、指導力は発揮できなかった。 日本に帰ってからの活躍もパッとしない。国連の大幹部になれたの は、それこそ日本のカネの力が影響したのだと思わざるを得ない。

 前述の国連の職員数では中国が7位、インドが10位だった。今後、 アジアのこうした国が人的貢献でも日本を圧倒する可能性が高い。

 私はかつて韓国の梨花女子大で教え、現在も同大学の国際大学院名 誉教授を拝命している。この大学の目標は、国際機関でリーダーにな る人材を養成すること。というのも、韓国の財閥系の会社は男社会だ が、国際機関では男女の差別がないからだ。こうした明確な方針を掲 げる女子大は素晴らしいと思う。

 いずれにしても、国際的な機関で活躍できる人材を養成するという 目標を学校教育でもっとはっきり打ち出さないと、国連にカネだけ出 して人は出せないというみっともない状況は続く。企業も含め、国際 的な場で活躍できる人材が非常に少ないことが日本の大きな問題だ。 日産リバイバルが成功したあと10年以上もカルロス・ゴーンに居座 られ、引っかき回された。私物化されても自分達では終止符を打てな かったのも人材不足が原因だ。

 カネの支援では中国に抜かれてもかまわない。組織の上のポジショ ンで活躍する人間は日本のほうが多い、という状況にならないといけ ない。

(夕刊フジ 2019/1/12号)

2. リカレント教育：社会人の学び直しの必要性

〈リカレント教育：10年毎の学び直しの必要性化〉
　エクセレント・パーソン"の時代〜傑出した個人を獲得せよ
　中高年・シニア層を活かしつつ20世紀型の経営観から脱却せよ

（1）「みんなで頑張ろう」は崖にぶつかるのが早まるだけ〜先の読めない時代の人材戦略「軽く、薄く、少なく」――"エクセレント・パーソン"の時代〜傑出した個人を獲得せよ

◎会社組織の高齢化、自由に解雇できない「雇用の膠着化」

　今回のテーマ「日本企業の人材戦略の問題とあるべき姿」について、一言で結論を言いますと「20世紀の人材観・人材戦略が自分の会社を滅ぼしますよ」となります。日本企業の雇用制度は特に大きく他国と異なっていて、基本的にはまだ終身雇用が続いています。経済成長期にはとにかく人手不足だと言って大量に人を雇い入れましたが、その人たちを抱え込んだまま組織が疲弊してきています。この大量に雇われた層が現在、定年に近い年齢となり、企業を高齢化へと導いていますが、この高齢化した人たちをどうするのかということについて明確に戦略を持っている企業は非常に少ないのです。定年世代まで至らずとも、例えば三越伊勢丹ホールディングスは早期退職の促進のために退職金を5,000万円積み増すという施策を打ち出しましたが、1人辞

めてもらうのに従来の退職金5,000万円プラス5,000万円、合計1億円もかかるというのは、世界でも他に例のないような状況です。高齢化に対する有効なソリューションを見出せず「雇用の膠着化」が起きています。

◎北欧の労働市場改革のキーワード "フレキシキュリティ"

ドイツも約30年前に同様の状況に陥りました。企業の解雇の裁量が狭く、人員を自由に整理できずに膠着状態を起こしていた中、2003年にドイツ社会民主党（SPD）のシュレーダー首相（当時）の下で、「アジェンダ2010」を断行しました。労働市場改革と社会保障改革の2本立てによる構造改革プログラムです。解雇規制を緩和して企業が人員を整理しやすくした一方で、職業訓練や就労支援を国が積極的に進めていくのがポイントでした。つまり「もう要らない人は外に出してください。これはもう社会の問題です。国のほうで再教育をしますので、あなたがたは企業としての競争力を維持してください」という趣旨です。これによりドイツ経済は回復を遂げました。

このやり方は、企業の側から見ると解雇規制を緩和して雇用の柔軟性を高めるという点ではフレキシビリティがあり、また解雇された労働者および社会の側から見ると手厚い社会保障で支えられるという点でセキュリティがあるものだと言えます。この2つの合成語である"フレキシキュリティ"が、デンマークなど北欧で1990年代から先行して進められてきた労働市場改革のキーワードです。

しかし、現在、日本はこれらに遅れること30年、いったい何をやっているのでしょうか。安倍晋三首相は「この国から『非正規』という言葉を一掃する」と言い、「働き方改革」で労働市場をむしろ固定化しようとしています。これはもうまさに逆行であり、やってはいけないことなのです。

◎見通しの悪い世の中で人材の固定化は自殺行為

　基本的には、今、人材を固定するというのはもはや自殺行為です。今の世の中は全く先の読めない不確定な時代です。5年後にこの業界がまだ存続しているのか、10年後はどうなのか、まず誰にも予測ができません。せいぜい言えるのは、15年後ともなればあらゆるビジネスの領域において旧来の体制が限界を迎える時期、すなわち「破断界」が確実に訪れているということくらいです。20年後の世の中が具体的にどうなっているかなど、誰にも全く分からないのです。

　今、22〜23歳の人材を大量に採りますと、20年後の「全く分からない世の中」というのは、この人たちが最も活躍しなければならない働き盛りの40代半ばの頃に当たります。経営者はその頃の社会の状況が全く読めていませんし、ビジョンも持っていません。かつ、先に述べた通り社内の高齢者たちを活躍させる方法を知りません。そういう人たちを早期退職させて、若くて安い人材を採ろうという程度のお粗末な"戦略"がいまだに続けられているのです。

　これは日本にとっては非常に大きな問題です。バブル崩壊以降に生まれ育ってきた人たちは、「内向き」「下向き」「後ろ向き」で外にも出たくないといった感じです（国土交通省の調査では、20代の若者が1日に移動する回数の平均が70代を下回っていることが明らかになっています）。今年入社の新卒者にアンケートを取ってみると、課長になりたくないという人が過半数なのです。私の世代は全員が、実際はなれないとしても社長になりたいと言っていたものですが、課長にすらなりたくないと言うのです。その理由は？　と問えば「責任だけ重くて給料がたいしたことないから」です。こういう世代の人を大量に採って、しかもただでさえ見通しの悪い20年後に向けて何のビジョンも持っていないというのは、もう無責任以外の何物でもありません。

　ドイツは労働組合が強かったために労働市場が固定化し、社会全体

が膠着化・硬直化してしまった後、ものすごい苦労をして労働市場の柔軟化をやり遂げました。北欧もそうですが、この後10年も経てばこれを日本もやらなければならない時が間違いなくやってきます。しかし、日本において「スキルの不足した労働者の再教育は国の責任だ。国の責任で再雇用できるように叩き直しますから皆さんはどうぞお構いなく社外に出してください」と言って実行するような政治家、つまりシュレーダー氏のような人は出てくるでしょうか。ほとんど絶望的だと思います。

（2）中高年層・シニア層を活かしつつ20世紀型の経営観から脱却せよ

◎ 21世紀の人材戦略は「軽く、薄く、少なく」

　今の日本においては、教育に非常に大きな問題があるということの他に、20年後はどうなっているかということを考えて行動している政治家がほとんどいないのが問題です。なぜ20年後を考えるべきかと申しますと、先述の通り15年後にはほとんどの業界に破断界が訪れ、20年後には様々なビジネスが跡形もなく消えているという状況だからです。

　最も顕著なのは自動車業界です。自動車がいわゆるEVに移行し、その後自動運転になっていくと、自動車の売上台数は大きく見積もっても10分の1になります。ということは、部品業界やタイヤ業界など売上が自動車の台数に比例しているところや、とりわけ内燃機関関連の部品をつくっているところは、20年後にはもうなくなっているのです。

　10年後、15年後の業界の姿というものを本当に分かっているのか、業界が崩壊してなくなっているという状況を前提に人材計画を立てているような企業はあるのでしょうか。

21世紀の人材戦略というものは20世紀のそれと正反対です。20世紀は高度成長期でしたから、大量採用・新卒一括採用で、単純成長の追いつけ追い越せの中で先輩からいろいろ教わりながら育っていき、みんなで昇進昇給をして、最後にご卒業、定年退職、というキャリア観でした。しかし、21世紀は人を抱えたら負けです。人を抱えると基本的には方向転換ができなくなります。今はほとんど全ての業界で方向転換しなければならないという時なのに、これができなくなってしまう、あるいは遅れてしまうのです。21世紀の人材戦略は「軽く、薄く、少なく」これ以外にありません。

◎「みんなで頑張ればどうにかなる」時代は過ぎ去った

　では、それだけの方向転換をやっているような企業が実際にあるのかと言うと、ほとんどありません。いまだにトップは人事部に「去年は100人しか採れなかったの？　今年は120人採ってきてよ」などと言い、人事部は人事部で「いや、なかなか人の確保は大変でして」と返す。少子化でどんどん新卒者が少なくなっている今の世の中で、大量採用から脱却して21世紀に適合した人事戦略を掲げようという気はさらさらないのです。

　21世紀型の人材戦略というのはおそらく今一番重要なテーマで、そしておそらく日本中の誰もがまだ考えていないことだと私は思います。なぜ考えていないのか、その理由は、「従来の延長上で何とかなる」というトップの楽観的な判断です。まだあと3年は何とかなる、頑張ればもっと、4～5年は何とかなるかもしれない、といったまるで根拠のない希望的観測です。精神論でどうにか乗り切れると思っているのです。ところが21世紀は頑張ってはいけないのです。

　ボート競技に例えると、日本企業は「エイト」の精神で動いています。エイトはボート競技の中では最大の人数で8人の漕ぎ手と1人の舵手（コックス）という編成ですが、「会社はボートと同じだ、苦しいけれ

~ インプットからアウトプットの競争へ ~

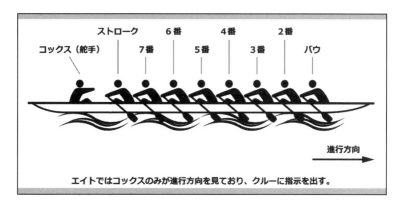

エイトではコックスのみが進行方向を見ており、クルーに指示を出す。

どもみんなで力を合わせてしっかり揃えて漕ぐと速く行けるんだ、頑張ろう」というのが従来の日本企業です。この手の訓示を垂れている日本の経営者を私は何人も見てきました。これが20世紀の日本の経営の特徴です。

ところが21世紀はコックス1人が重要なのです。ボートがどこへ進むのか、方向が重要ということです。行き先を決めなければならない重要な時に「みんなで頑張ろう」では、崖にぶつかるのが早くなるだけです。したがって、社長が20世紀の頃のままの訓示を垂れているような会社というのは危険極まりないのです。自社がどこへ行くべきか、方向が見えているのか。方向が合っていれば頑張ったほうがよいでしょう。しかし、ここで進む方向を大きく変えるためには「軽く、薄く、少なく」これ以外にないのです。固定化された人材をたくさん抱え込んでいると、これができないのです。

日本企業はエイトから脱却し、もうシングルスカル（1人で漕ぐボート競技。個人種目）にするぐらいの勢いでやらないといけません。それで方向が決まって、あとはもう量だスピードだ、となった時に人を増やしていく、あるいはアウトソーシングを活用するというのが21世紀型の経営です。しかし、まだほとんどの会社がこの作業に取りかかっ

ていません。

◎ミッドキャリア、シニア層に力を与える意義

　私も昨年からこの「軽く、薄く、少なく」の21世紀型経営を目指す作業に取りかかって、いわゆる企業内起業ということを私自身が事業担当して始めたのですが、20世紀型、従来型の頭の人に企業の将来図を描かせると、ものすごくとんでもないものを平気で持ってきます。こういう状態から、半年ぐらいかけていろいろ議論していくと、全然違うことが考えられるようにはなります。

　21世紀型の人材戦略を取り入れて企業の将来図を描くのに最適なのは、入社したばかりの人よりも、会社での経験も十分にある40代から50代ぐらいの世代の人です。最初に出してくる図はこれまでの延長上に過ぎないとしても、議論を重ねることによってそれが変わったものになってきます。そして、変わってきた時にはトップも「なるほど、君がそれで責任持ってやってくれるなら、お金出してやろうじゃないか」と変わってくるのです。こんなふうにミッドキャリアの人に強大なパワーを与えるようにするのが、日本企業のエスタブリッシュメントにふさわしい唯一のやり方ではないかと私は思います。若い企業でシニアの人がいないところはもちろんそれなりに新しい図が描けるでしょうが、その場合にはやはり本人がコックスになるつもりでなければなりません。

◎「21世紀型人材戦略」とはどういうものか？

21世紀型人材戦略の概要をまとめておきましょう。

「軽く、薄く、少なく」しかあり得ない
　まず、この21世紀は、日本だけではなくておそらく様々な業界そ

のものが大きく変わる激動の時代です。1990年に私が出した著書に『ボーダレス・ワールド』(プレジデント社)がありますが、iOSやAndroidはまさにボーダレス・ワールドを実現しました。皆さんの生活においてスマホが貯蓄や購買などの面で非常に大きな影響を与え、主導的な立場になってきています。スマホ中心のビジネスの特徴は国境が関係なくなるという点にあります。例えば配車サービスのウーバー・テクノロジーズの本社は名義上サンフランシスコにありますが、実際の本社はオランダにあり、そこでオペレーションを全部やっています。つまり国単位の海外進出ということが意味をなさなくなっているのです。決済もスマホで行えますから、中国アリババグループの金融関連会社アント・フィナンシャルが日本で銀行を展開するとしたら、おそらくは日本に銀行自体をつくることはないでしょう。海外にいながらスマホで取引をするということになってくると思います。このように、あらゆる業界において破壊的な変革がもはや当たり前のように起きている時代です。

したがって、企業は人材を固定的に抱えておくことの危険性を理解すべきです。21世紀企業は「軽く、薄く、少なく」経営することでしか生き残る方法がありません。小回りの利く状態にしておいて、自由に方向転換できるようにする必要があります。方向を変えたら、そこから先は存分にリソースを投入すればよいのです。この段階になればお金も集まり、人も集まり、やり方はたくさんあります。しかし先に人材を抱え込んでしまうと方向が変えられないのです。まずはこの問題を理解してください。

いずれ「シュレーダー改革」は必要、しかし「働き方改革」は不要

先述の通りドイツでは、人材が固定化することによる弊害が噴出しました。そこで労働市場改革が断行されましたが、この「シュレーダー改革」は日本でも早晩必要になるでしょう。しかし残念ながら日本はまだまだ経営者の意識自体が遅れています。大手町のおじさんたち、

財界の人たちは、安倍さんや麻生さんが「働き方改革」を言ってきた時に抵抗しませんでした。この日本の総理大臣と副総理は家業が政治だという人です。鉛筆1本売ったことがない人です。そんな人が「働き方改革」などというものを提案してきた時に全く抵抗ができない大手町なんて、いったいどんな存在価値があるのだろうかと思います。経営者たち自身が、21世紀の経営がどうなるのかということを明確に理解していないのです。

雇用の膠着化が変化への対応不足を招いている

日本企業の人材戦略の根本的な問題は、新卒一括採用と自前主義によって人を抱え込んでしまい、ビジネス環境の急激な変化に対応できていないことです。どの会社も、どの人も、漠然とした不安を感じてはいますが、膠着した雇用を目の前にしてどうしたらよいのか、現状では何もできていないのです。経営者と話をしていると、「俺も駄目だけど、うちのやつもみんな駄目だよな」などと言う人が多いのですが、身も蓋もない話です。

三越伊勢丹の早期退職促進の件からよくわかることは、48歳よりも上の人たちには再教育の可能性がないと、再教育をしても無理無駄だと、経営者の側が見限ってしまっているということです。彼ら経営者はその人たちのことを実によく知っています。フロアマネージャーを二十数年間ずっとやってきて、高卒の女子社員などをたくさん使って、一見立派そうに見えても仕事の実質は彼女たちが支配していて、その上に乗っかっているだけの存在だという実態を知り尽くしてしまっているのです。だからこそ再教育しても駄目だということが分かっている、ここに問題の根の深さがあります。再教育はもっと早くから、10年に1回はしなければならないということが、この段になってようやく理解できるのですが、こんな体たらくでは21世紀のビジネス環境に到底適応できません。

（3）人材戦略をめぐる社会の視点〜制度上の問題

◎何重にも立ち遅れている日本のリカレント教育

　中高年になっても"稼ぐ力"をアップさせるとなればスキルアップは必須です。何歳になっても新しいことにチャレンジし、学ぶ姿勢を忘れない——そういう精神論も結構ですが、現実問題としてとにかく日本は社会に出てから高等教育機関で学び直す人が非常に少ないという状況があります。大学入学者のうち25歳以上の人がどのくらいいるのかデータを見てみると、日本は何と1.9％しかおらず、これはOECD諸国の平均値18.1％の約10分の1と極端に少ない値です（図1左）。日本はOECDの中で最も再教育比率が低いのです。ほとんどの国では10年に1回ぐらいは企業が社員を大学に送り込んで再教育します。ドイツの「シュレーダー改革」においては、国の教育施設に入れてスキル

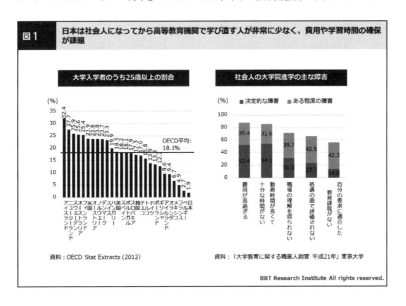

図1　日本は社会人になってから高等教育機関で学び直す人が非常に少なく、費用や学習時間の確保が課題

アップのための職業訓練を行いました。先述の通り、日本でもシュレーダー改革に相当する構造改革がいずれ必要になるのは間違いありませんが、それはこうした再教育のシステム確立についても同様です。

なぜ日本では社会人があまり大学院に進学しないのでしょうか。最も多く挙げられている理由は「費用が高過ぎる」です（図1右）。しかしこれはエクスキューズに過ぎません。次は「勤務時間が長くて十分な時間がない」となっています。忙しいのでそういうところに通うのは物理的に大変だという言い訳ですが、今の時代は世界中どこにいてもオンラインで教育が受けられるのです。リカレント教育というものを今まさに日本は必要としているはずなのですが、現場のムードが全く醸成されていません。企業では、学校を出たらその時点のスキルで一生やっていきたい、必要なスキルは実地で学んでいけばよい、という考え方がいまだに蔓延っています。先輩が後輩に教えて育てていけばよいというのは単純成長の時代の話であって、今は先輩も後輩もベテランも新人も、みんな新しいことを勉強しなければどうしようもない時代になっていると思います。また、せっかく大学院に行ってみたとしても、何をやるかと思えば先生が昔のノートを読んでいるだけ、これでは駄目です。教える側にも学ぶ側にも、必要なのは新しい知識、21世紀型のビジネスに応じた21世紀型の教育です。

◎ "フレキシキュリティ" とは真逆を行く安倍政権

本当に真剣にリカレント教育を日本でも推進するのであれば、働きながら学べる環境を整備する必要があるのは言うまでもないことです。ただそれは、単に忙しくて、あるいはお金がなくて学校にいけないからどうにかしろ、という声に応えるようなものではありません。必要なことは、企業側の視点としては労働者を解雇しやすくして雇用の柔軟性を高め、それを担保しながらも、労働者側の視点では生活の安定を担保した

上で職業訓練を行うような、本気の構造改革、労働市場改革です。

　北欧の例に見られたフレキシビリティ＋セキュリティ＝フレキシキュリティというこの概念も先述した通り（図2左）ですが、これを逆に柔軟にしなければいけません。

　「柔軟な労働市場」に加え「手厚いセーフティネット」「積極的な雇用政策」の3点セットで進めるデンマークの労働市場改革が、"黄金の三角形"と呼ばれています（図2右）。失業はけっして恐怖ではなく、安心して失業給付金をもらいながら再教育を受け、再雇用できる状況になってまた職に戻っていく——この3ピースの循環が絶対に必要です。日本は今とにかくこれをやらなければならないのです。これをやらずに「この国から『非正規』という言葉を一掃する」と言って労働市場を固定化し、10年以上経った後に雇用が膠着化して人件費がかさみ、再教育ができずにスキル不足の中堅社員が社に溢れかえった挙句、「全部皆さんで問題を解決してくださいね」と企業に責任を押しつけ

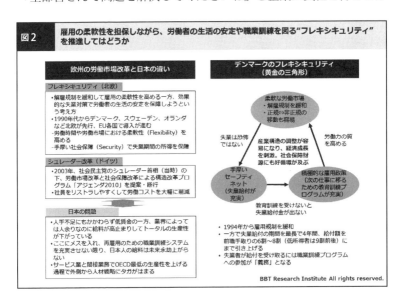

られても到底無理無体な話なのです。ですから皆さんは、絶対に日本政府の言うことを聞かないでください。ともあれ本当に日本はやはりあらゆる面で何十年と遅れてしまうように思います。

◎先の見えない、答えのない時代に、何をすべきか？

日本政府の言うことを聞かないとして、経営者は、そして個人は、今いったいどうするべきでしょうか（図3）。

経営者の皆さんにまず持っていただきたいのは危機感です。21世紀は20世紀と違うのだ、特に人事戦略は違うのだという認識を持ち、20世紀のやり方では経営者自体が淘汰されるという危機感を持ってください。「軽く、薄く、少なく」がキーワードです。コア事業に集中し、あとは外部リソースを使います。本当に必要な人材（コア人材）は年齢や国籍や性別など関係なく、世界中どこからでもLinkedInなどを使っ

図3　21世紀の人材観にシフトしなければ、企業も個人も滅びるという危機感を持つべき

経営者はどうするべきか？	個人はどうするべきか？
1. 危機感を持つ ・20世紀のやり方では企業の「置き換え」の憂き目にあう ・経営者自体が淘汰されるという危機感を持つべき ・「軽く、薄く、少なく」経営する	**1. 自分のメンタルブロックを外す** ・「大志」を持つ（「日本人トップ」では目線が低い） ・「もう〇歳だから」は禁句
2. 自社の経営ビジョンに必要なリソースを見極める ・ノンコア事業自体（社員も含めて）を自社に抱えない ・クラウドソーシング、AI・ロボットを活用する	**2. 働き方は自分で決める** ・自分の時間を有効活用するため仕事をダイエット ・空けた時間を、新たな人脈構築、新たな知識獲得などに充てる ・AIやロボットに代替されない職業に就く
3. 本当に必要な人材（コア人材）を活かす ・年齢、国籍、性別など関係なく優秀な人材は厚遇する ・後継者育成しても駄目なら外部からヘッドハントする ・そのための世界中の人材DBを作成する	**3. 知的チャレンジを続け、脳の画一化を避ける** ・「脳の筋トレ」知的チャレンジを続ける ・「答えのない時代」に「答え」を見つけるトレーニングを積む ・エクセレント・パーソンになる

BBT Research Institute All rights reserved.

て見つけてくる、そのための人材 DB を構築する必要があります。21世紀の企業経営にとって最も重要なことは人事です。しかも経営トップはこの人事についてはある意味全権を握っているのです。その自覚を持ってください。

　個人に関しては、まず「大志」を、アンビションを持って欲しいということです。今の若い人というのは、若いだけで意外にアンビションが足りないように思います。日本で一番になるだとか「日本人トップ」でさえ、もはや目線が低い話なのですが、課長にすらなりたくないというのでは話になりません。高くアンビションを抱き、自分のメンタルブロックを外してください。

　それから、働き方は自分で決めましょう。当然のことです。自分の時間を有効に使うために仕事をダイエットし、空いた時間を人脈構築や知識獲得などに充ててください。また、なるべく AI やロボットに代替されないような仕事に就いてください。構想や企画といったクリエイティブな右脳型の仕事、人間ならではの領域に向けて知的チャレンジを続けてください。

　今は答えのない時代です。したがって、答えを見つける力、これが非常に重要になってきます。従来の日本は答えを教えてもらい、それを覚えることばかりやってきました。これからの時代は、答えは自分で見つけていかなければいけません。そういう意味で、デンマークで「先生」という言葉を禁止したというトピックは重要なヒントになるでしょう。先に生まれているというだけで後に生まれた者を教えるというのは問題だ、先に行っている人ほど誤りやすいのだから、ということです。自分で自分なりの答えを見つけ、傑出した個人、エクセレント・パーソンになってください。

　経営者も個人も、21 世紀の人材観にシフトするべく、改めて新しい方向を感じていただきたいと思います。

　　（大前研一向研会定例勉強会『日本企業の人材戦略の問題とあるべき姿〜 20世紀の人材観が会社を滅ぼす〜』（2018.4.20）より編集・構成）
　　　　　　　　　　　（大前研一ビジネスジャーナル No.17 より /masterpeace）

Colmun ◇リカレント教育／経済財政白書／IT人材／日立製作所〜リカレント教育、IT人材の育成など、各役所がバラバラに動いているだけ

リカレント教育、IT人材の育成など、各役所がバラバラに動いているだけ

厚生労働省は7月30日、2019年度から看護師や介護福祉士など専門職の資格取得をめざす社会人への学費助成の期間を1年延ばし、最大4年にする方針を決定しました。働きながら学ぶ社会人の需要に対応し、定時制講座にも新たに学費助成を適用できるようにするものです。人手不足が深刻な業種の人材育成につなげる考えとのことです。

リカレント教育は必要ですが、看護師、介護福祉士などの専門職に限ったものではなく、もっと広く考えるべきです。IT関連を中心に、必要とされる技術が大きく変化してきています。あるいは、経営を担うスキルや起業するスキルの教育も必要でしょう。

残念ながら、日本の従来の学校教育は社会に出てからほとんど役に立つものではありません。経営、IT、起業など21世紀に活躍できる人材になるための教育にはなっていません。厚生労働省、文部科学省、地方自治体など、どこが資金を提供するのかわかりませんが、いずれにせよ日本の教育は実社会からの圧力が必要です。

茂木敏充経済財政・再生相は3日、2018年度の年次経済財政報告(経済財政白書)を提出しました。人工知能(AI)やロボットなど新たな技術の普及により、これまで人が担っていた業務を代替できるようになった一方、新たな技術を活用できる人材育成の投資も進め、生産性を高める必要があると指摘したものです。

報告書の中には、未来の社会の姿「Society(ソサエティ)5.0」という言葉も登場しているようですが、私に言わせれば、もっと具体的に日本の将来のために「人材育成」をどうするのかを考えなければ何の意味もありません。ほとんどの人は「Society(ソサエティ)3.0」すら、

どのようなものか認識していないでしょう。

「こんな社会になります」といくら書き連ねても何も役に立ちません。

人生100年時代の人材と働き方、イノベーションと競争力、生産性向上といったスローガンを掲げるのであれば、それを実現するために具体的にどのようなリカレント教育をする必要があるのか、あるいはどのくらい予算をつけるのかを示すべきでしょう。

リカレント教育を実施する場合でも、会社に通いながら教育を受ける必要があるなら、もう1歩踏み込んで議論をして具体的な施策に落とし込まなければいけません。人材をどのように変えていくのか、どのような人材を育てるのかを具体的にしなければ、不十分だと言わざるを得ないでしょう。

日経新聞は1日、「不足する人材 供給底上げ」と題する記事を掲載しました。

AIなどの開発を担う「先端IT人材」は2020年に約4万8000人が不足する見通しとのこと。東大や大阪大学などでは社会人向けのAI講座も開く一方、AI教育を専門とする単独の学部や専攻を持つ国内大学はないとしています。専門人材の育成には長期的な視点での学生教育と、社会人の「促成栽培」の両輪で進める必要があるとしています。

一体どういう認識をしていると、4万8000人という数字が出てくるのか？ 私には理解できません。私の認識では、インド、中国、米国に比べると、日本の先端IT人材は圧倒的に不足しています。極論すると、これらの国の著名IT企業1社で抱える高度IT人材と日本全体の高度IT人材は同数といった規模感とさえ感じます。

また、社会人の「促成栽培」という方針を打ち出していますが、これを先端IT人材に当てはめて考えているのでしょうか？ IT技術の習得を40代や50代になってから始めても難しいはずです。社会人といっても、そうとう若い年代に絞る必要があります。それが無理なら、海外の人材に門戸を開く以外にはないでしょう。

全体的に見て、方針に一貫性がなく各役所の人間がバラバラに勝手

に動いているだけに見えます。

　全体の方針で言えば、学校教育で行うのか、社会人教育で行うのか、あるいは勤めながらリカレント教育で行うのか、という方針も定まっていません。厚生労働省はリカレント教育のために企業が長期休暇を認める方針を後押ししていますが、我々のようにオンライン教育であれば長期休暇など不要です。

　重要事案だと気づいて、慌てて各役所が予算を確保するためにバラバラに動き出しているだけ、というのが私の印象です。誰か一人が責任者として、一貫性を持って取り組んでほしいと思います。

（ニュースの視点　739 2018/8/17）

Column ◇日本のIT人材育成は小学校から徹底するしかない

　政府は新たな科学技術戦略の素案を取りまとめ、人工知能（AI）を扱うIT関連の人材を2025年までに数十万人規模で育成、採用する目標を掲げた。若手研究者に重点的に研究費を配分するほか、東京大学など16の有力大学に占める40歳未満の教員の割合を3割以上に増やすことが盛り込まれている。閣議決定し、骨太の方針に反映させる。

　だが、これは数とかスケールがちょっと違うのではないか。現在、IT関連人材については、どういう能力があるのか、世界的に通用することができるのかなど、テストすれば一発で測ることができる。現に入社試験をプログラミング能力で測っている私の友人の会社などはIT人材はすべて外国人になってしまった。

　日本の場合、IT関連人材も新卒の初任給は20万円とか30万円といわれる。昨年秋に中国の通信機器大手ファーウェイが日本で大学卒のエンジニアを「初任給40万円」で募集して大きな注目を浴びたが、それほど低く抑えられている。

　一方、世界の一流IT企業では、世界標準の最先端の研究ができる

IT技術者には1000万円を超える年俸が与えられている。これが優秀な人を採るためのグローバル・スタンダードだ。

米国のシリコンバレーなどでは、中堅エンジニアは3000万円以上で引き抜かれる。プロジェクトマネジメントもできる人材なら1億円の年俸も珍しくない。そういう国際市場で通用する人材の定義をしないで、日本政府が数だけを示しても始まらない。また、これは大学を対象にしているが、インドやイスラエルなどでは小学校から実務的なプログラミング教育が始まっている。　実は日本にはITに関わる人の数はけっこう多い。ただ、IT技術者の多くは顧客の企業に派遣されて、その企業の人たちと一緒にシステム作りをしている。IT技術者は「派遣」という構造に組み込まれて、なかなか給料が上がらないなか、チンタラとプログラミングしているのが実態だ。

実際には、最先端のシステム作りができる日本人は非常に少ない。きちんとフロー・チャートを描いてシステムを設計し、インドなどに外注できるという「発注側の能力」を持つ人は少ないのだ。だから、顧客も「とりあえず、人を入れてくれ」という程度の感覚で、ＩＴ企業は単なる人入れ業になってしまっている。

クオリティーを重視するなら、数十万人のIT技術者なんていらないのではないか。年俸1000万円クラスの世界標準の能力を持つ人が1万人もいればいい。そういう人たちの命令に基づいて開発してくれる人たちは、インド、フィリピン、東欧のベラルーシなど世界中にいくらでもいる。海外アウトソーシング（業務委託）をすればいいのだ。日本の場合はオフショアリングする前提となる発注仕様が書けないのでやむなく人海戦術でやっているのが現状だ。

政府のありがたい新政策も現状を理解しない大学教授などの提言に基づいたお手盛りで、仮に数だけそろえてもシリコンバレーや中国のファーウェイの下請けをやることぐらいしかできないだろう。文科省が「教育の根幹は（日本語に英語とプログラミング言語を加えた）"トリリンガル"」という大原則に基づく21世紀の教育方針を小学校から徹底する以外に近道はない、と知るべきだ。

（夕刊フジ　2018/6/16号）

（4）学び直しのみちしるべとなるロールモデルを探そう

BBT大学大学院の在学生・修了生の年代は様々です。
今回は20代・30代・40代の修了生3名のロールモデルをご紹介します。

◎日本のリカレント教育の現状とBBT大学大学院について

日本は、OECD諸国の中でも25歳以上の大学入学者の割合が2％と極端に低い状況です。さらに、MBAの取得者はアメリカが約7万人に対し、日本では約7千人程度です。※1

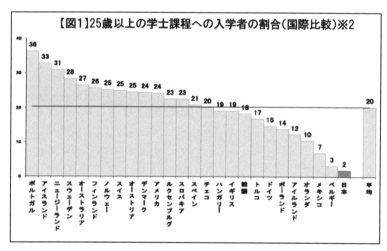

※1「学校基本調査」及び文部科学省調べによる社会人入学生数
※2 OECD Stat Extracts (2010)
参照：文部科学省ホームページ

25歳以上の大学入学者の割合が2％と極端に低い理由はいくつか考えられますが、例えば以下2点の課題が挙げられます。

①企業等での実務経験を持たない教員の割合が高い大学では、社会人を対象としてビジネス関連領域の指導を行い受講者の期待に応えることは困難。
②学習をするための時間的な余裕がない。

　文科省中央教育審議会大学分科会大学規模・大学経営部会の「大学における社会人の受入れの促進について（論点整理）」の資料では、以下のように述べられています。
　「就業者を対象とした調査によると大学卒業・大学院修了の就業者のうち、『機会があれば大学院修士課程に修学したい』は約15％、『関心はある』を含めると約49％である。しかし、学修を妨げている要因として、『業務が多忙』や『雇用者の理解が得られない』のほか、『職業生活と学修の両立のための費用や学修時間の確保が難しい』や『魅力的なカリキュラムがない』が挙げられている。」

　このような社会的要請に応えるための具体策として、同資料の「大学に期待される取組」の中では「社会人の学修動機に応える学位プログラムの編成」などが挙げられています。　また、「大学就学に係る負担の軽減」を図るために通信制の導入、経済的負担軽減、就学と職業生活の両立について提言されています。

　これに対し、本学が行った【図2】の新入生アンケート（2018年春期生）によると、BBT大学大学院への入学の決め手として、「オンラインであること」「実践的な内容であること」「学びたい講師がいる／科目があること」の3点が上位に挙げられています。

　この結果から、上記の課題を解決でき得る学びの環境として、BBT大学大学院が選択されていることが伺えます。

2018年3月28日に発表された、【図3】矢野経済研究所の調査によると、タブレットや学習アプリなどの普及によるeラーニングの利便性向上と利用機会の拡大が、利用者のすそ野拡大を導いたことで、2018年度も社会全体のeラーニング市場は堅調に拡大することが予測されています。このようなことから今後もオンライン学習への関心は更に高まっていくと推測できます。

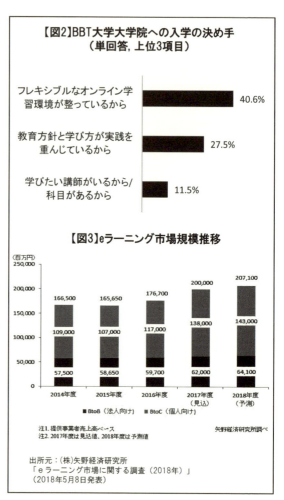

※1「学校基本調査」及び文部科学省調べによる社会人入学生数
※2 OECD Stat Extracts (2010)
参照：文部科学省ホームページ
※3 出所元：(株)矢野経済研究所
「eラーニング市場に関する調査（2018年）」(2018年5月8日発表)

◎インタビュー：ロールモデルの紹介について

- 20代：「ビジネスパーソンとしての土台作りは早ければ早い方が良い。仕事に本気で取り組むのは必須で、尚且つ＋αの社外での学びを

1. 三五 和磨（さんご かずま）さん 入学時：20代（不動産業界・人事職）

- 実質的な上司不在の組織構造の中で、新卒から採用業務をリードする中、仕事を本気でやりつつ社外での学びも得たいと思い、ＭＢＡ取得を決意。
- 妻の理解を得、結婚準備と並行して勉強した。一日の時間配分を意識的に変えるなど、時間捻出やタイムマネジメントを強く意識していた。

Q 一番タメになった科目は何ですか？ その理由も教えてください。

RTOCS（Real Time Online Case Study）という、実存する企業や政府のトップの立場になり、自社の問題解決を構想する毎週の課題がありますが、そこでの学びは非常に役に立ちました。当該企業や業界への知見が深まるだけでなく、そもそもの論理的思考力や情報収集と整理の作法、そして分析の作法など、基本的かつ重要なスキルを体得できました。また、大前学長の科目は他にも、普遍的かつ重要な思考技術や「今まさに」注目すべき業界トレンドに関する課題が豊富に出るので、ついていくので精一杯でした。しかし真剣に取り組み続けることで、圧倒的に一般のビジネスパーソンの先を行く知見を身につけられたと思っています。

- 30代:「MBA取得は単なる勉強の場ではなく"人生の転換"の機会。世の中の見方と人生の歩み方を変えられた2年間だった」

2. 龍 健太郎(りゅう けんたろう)さん 入学時:
30代(製造業・営業職)

- 入学当初はIT系大企業に勤務。時間的な制約が少ないという理由でBBTのオンラインMBAを選択。
- 生まれたばかりの子どもがいたが、オンラインMBAの利便性により、家族と仕事と三立しながら学習を継続することができた。

Q 仕事・家族(プライベート)・学びをどうバランスさせましたか?
仕事をしながらもやはり子どもの世話もしなければならなかったことから、なるべく土日のどちらかは家族の時間として確保しようと決め勉強から離れるようにしました。当然仕事も集中的に忙しいときがありましたが、そういう時はある程度割り切って「今は仕事!落ち着いたら取り戻そう!」と目の前にあるやるべきことを軽視せずに集中するようにしました。BBTはマラソンのような長期戦です。あまり短期的なイベントに囚われず、長い目で見て大切なものを大切にすることが重要なのだと思います。

- 40代:「第二の人生に手ぶらで臨むことはできない。徹底的に、経営・経済について学びたいと思った」

3. 岩間 友幸(いわま ともゆき)さん 入学時:40代(公務員・研究/開発職)
- 中学卒業後に航空自衛隊の学校に入り、通信電子関連の仕事に従事。その間に、夜間大学で電気工学を学び、また大学院へ進学して

工学修士を取得。理系一筋で様々な研究事業に携わる中、さらに新たな領域に踏み出すべくＭＢＡ取得を決意。

・在学中は単身赴任だったので、勉強に集中することができた。学期のインターバル期間は勉強以外のことにも集中してメリハリをつけていた。

Q 入学を検討している方に一言お願いします

私の体験談をご覧になられている人は、これから学びたいと思っている人だと思います。私は46歳でBBT大学院に入学しましたが、私より若い人の方が多かったです。学び始めるのに遅いということは決してありません。学びたいと思ったときが最適の時期というものでしょう。在学中の2年間は人生で一番勉強した期間かもしれません。その分大変だと思いますが、必ずその成果が得られるでしょう。

◎ BBT大学大学院について

日本初のオンラインMBAプログラムを提供する経営の専門職大学院として2005年4月に開学。国内のみならず世界で活躍する総計1,100名超の修了生を輩出してきた。「限界を突破し続けようとする開拓者精神に富んだグローバルリーダーの育成」をミッションに、オンラインキャンパス上で実務家講師陣による実践教育を行っている。過去の事例ではなく現在起こっているビジネス上の課題をテーマに学ぶ大前研一考案の教授法「RTOCS（アールトックス：Real Time Online Case Study）」をはじめ、独自のカリキュラムを開発している。（http://www.ohmae.ac.jp/）

（BBTnewsletter［Role Models Vol.1］BBT大学大学院編 2018/8/7）

〈AI時代サバイバル〉
第2章：必要となる学び： STEAM教育

1．バイリンガル教育×IB探究型学習——国際社会で豊に生きるための術を育む

AJB理事長インタビュー

　40年以上の実績を誇るアオバジャパン・インターナショナルスクール（以下アオバ）のグループ校として展開するバイリンガルプリスクールでの探求型教育を取材。

　2018年4月に新開校した三鷹キャンパスを含め、現在、東京都内に4校のバイリンガルプリスクールを開校しているアオバジャパン・バイリンガルプリスクール（以下AJB）における教育について、宇野令一郎理事に聞いた。

◎日本人のアイデンティティも育めるグローバル教育

幼児期にバイリンガルな教育環境の中で、多言語学習をする意義とは？

　「幼児期は語学学習の黄金期です。この時期は、子ども本人が学んでいるという感覚が無く、言葉を生活の中で自然に身につけることが出来る時期です。本人の語学に対する好き嫌いが芽生える前に、自然に言語を習得することができるのは、人生の中でも唯一、この時期だけと言えます。また、英語力の獲得には、英語に触れる量と

いうものが確実に必要になります。量なくして英語は身につかないため、週一回の英語教室や英語のDVDを見せるだけでは身につけることは難しいです。そのため、言語習得の黄金期である幼児期に、大量の英語に触れ、自分の言葉として使い、かつ日本人のアイデンティティを無くさない環境をAJBは提供し、バイリンガル教育を行っています。」

バイリンガル教育のためのカリキュラムにおける英語と日本語の振り分けは？

「AJBでは、英語と日本語が丁度、半分ずつになるカリキュラムを組んでいます。教員も英語と日本語で授業が出来る先生がだいたい半数ずつ在籍しています。子どもたちは、学校で半日から1日、ずっと英語で生活し、英語に浸るイマージョンな教育環境で過ごします。一つの言語環境に半日や1日単位で浸るということが大事で、例えば、これが1時間おきなど、英語に浸る時間が短いと、英語脳に切り替わるのが難しくなります。また、言語発達段階にある日本人の子どもたちにとっては、英語同様、日本語の学びも重要な時期なので、日本語においても学校生活の半分は、日本語環境に浸り、日本文化にも触れ学びます。AJBでは、2か国語でコミュニケーションを取る中で、文字や空間も含めて、英語と日本語の世界が校内できちんと分かれています。そのため、子どもたちが自分自身で、今使うべき言語はどちらなのか自然と判断し易く、学校生活の中でバイリンガルな脳の切り替えが出来るような教育環境が整っています。加えて、AJBが重視しているポイントは、一つの学校の中に、英語と日本語の世界がしっかり分かれていますが、それがIBの探究学習をもとに構成されているため、共通の学びを2か国語で学べるカリキュラムになっているという点です。探究学習のカリキュラムは、日本人の先生と外国人の先生とが共同で制作します。子ども

たちの興味に沿って、一つの探究テーマを日によって、または時間によって、学ぶ際に使う言語を日本語か英語に切り替え、探究学習を行っています。」

(アオバジャパン・バイリンガルプリスクール・AJB理事インタビュー)

2. AI時代に子どもたちは何を身につけるべきか

アオバジャパン・インターナショナルスクール理事　宇野令一郎（文責）

"知的欲求は人間の本性に根ざしたものだ" アリストテレス

(1) はじめに

　AIが本格的に活用されるようになる近未来に、どのような教育が必要かの議論は、すでに数多く出ている。2020年より本格施行される文部科学省の示す次期学習指導要領もその一つの結果であるし、情報社会（Society 4.0）に続く、デジタルを中心とした未来社会としてのSociety5.0とそれに向けた人材育成の議論など、様々な議論を見ることができる。

　これらの観念的な議論は本書の読者はどこかですでに読んだことがあるだろうから、ここでは再掲を控える。一方で、具体的に教育現場でどのような学びを提供すべきかの議論と実践事例は、まだ少ないのではないだろうか。本稿では、未来から逆算して21世紀を生きる日本の子どもたちが、どのような学びを経験するべきか、検討してみたい。筆者はインターナショナルスクールの運営に関わっているが、殆どの読者の子どもたちが日本の学校に通っていることを想定し、本稿の内容は、幼児から中学生レベルの、日本の通常の学校教育を受けている子どもたちとその保護者に向けたものとする。

なお本稿では日本の義務教育の変更に関する提案はしない。日本の義務教育は、初等教育レベルは海外からも視察があるほど出来は悪くない（恐らく、初等教育から高等教育にあがるほど、世界レベルからは下がっていく）。また、提言したとしても、学習指導要領変更のサイクルが10年である現状では、次の変更タイミングは2030年であり、いま子どもを持つ読者には意味が薄い。

それでは、21世紀のAI時代を生きる子どもたちが、義務教育では足りないかもしれないどのような学びを家庭で補足するべきかについて、以下の3つのキーワードを絡めながら読者の皆さんと考えていきたい。

― STEAM（21世紀の基礎素養）
―好奇心（あらゆる学びの着火剤）
―英語（世界中でコミュニケーションできる）

(2) STEM／STEAM

本書の読者の中には、STEM（ステム）教育という言葉を聞いたことがある人が多いのではないだろうか。これは "Science, Technology, Engineering and Mathematics" の頭文字を使った用語で、今後一層重視すべき分野として21世紀初頭より注目されてきた概念である。

米国では、2011年のバラク・オバマ大統領による一般教書演説において、STEMが21世紀に身につけるべきスキルとして強調された。その後、多くの資金がSTEM分野に投入され、これらの分野を通じた問題解決型学習・プロジェクトベース学習が推進された。

一方で、STEMの強力な推進による弊害に関する議論も出てきた。例えば、有限な予算をSTEM分野に傾斜配分することで、芸術分野等、他の重要な学習分野の軽視がもたらされている、という議論である。

「理系教育のSTEMだけでは現実社会の問題解決には不足である」という議論の流れを受け、2010年前後から、STEMにA（Arts）を加えた、STEAMという言葉が提示された。このArtsには、狭義の芸術だけではなく、リベラルアーツ・音楽・デザイン思考・ランゲージアーツも含んで考えられることが多い。従ってSTEAMは、単に芸術を学ぶということではなく、デザインやクリエイティブな視点を重視した概念となっている。

21世紀の問題解決やイノベーションのコアとなる要素は、今後もSTEM分野から発生することが多いと思える。しかし、そのコア要素を活かして起こすイノベーションは、Apple創業者のSteve Jobsの例を出すまでもなく、純粋なソフトウェアエンジニアやコーダーからというよりも、STEMとAの掛け合わせによる創造性を発揮したイノベーター達から生み出されるだろう。

STEM教育、STEAM教育のよくある誤解として、以下のようなものがある：

- STEM教育を強化するため、それぞれの頭文字が代表する個々の科目に多くに時間を割く
- STE"A"M教育においては、Arts分野をSTEMと同程度に時間を割く

「21世紀の課題を解決する教育はどうあるべきか」という問題意識から発生したSTEM／STEAM教育は、そのコンセプト自体に「現実課

題に即したテーマや課題をベースに行う問題解決型学習・プロジェクト型学習」という教授設計が組み込まれている。そして現実課題は科目別に生じるわけではないから、時として教科横断型となる。

従って、STEM ／ STEAM 教育の本質は、科目単位で大量に内容を記憶する学習ではなく、現実に関連したテーマを頭と手足を使って解決していく問題解決学習なのである。

2020 年本格施行の日本の新学習指導要領改訂の議論の時にもしばしば使用された「アクティブ・ラーニング」も、日本の教育における問題解決型シフトの方向性が提示された。

この問題解決・科目横断型教育は、言うことは易しいが、教育として意味を持たせる実践は容易ではない。国際バカロレアの探究型学習を通じて実践する立場として、教授設計上での重要な課題点を２つあげる。

- 先生の技量に大きく左右される
  - 供給側の問題として、全国に普及させるべき教育として広がりづらい
- 教育の成果が可視化されにくい
  - 授業側の問題として、記憶中心教育で育ってきた保護者の理解と納得が得られにくい

上記が解決された課題解決・科目横断型教育でなければ、学びに至らない、学習のない"体験"となってしまう。

翻って日本人の視点で STEM ／ STEAM を見ると、科目別授業は日本の義務教育で新学習指導要領でも十分とされる。また、国語（日本語）、

社会、道徳、体育、音楽、そして人の気持ちを理解する心など、世界的にも幼児初等教育の評価が高い日本の義務教育でしっかり身につけられる。

家庭レベルで不足点を補うとすると、STEM／STEAMを通じた、問題解決型の学習の機会を増やす、ということがありそうだ。そしてそれは、単純にプログラミング教室に通う、といったことでもない。

(3) 好奇心

STEAMにおける問題解決・プロジェクト型学習にも関連するが、我々ビジネス・ブレークスルー（"BBT"）／アオバジャパン・インターナショナルスクールが国際バカロレアの標榜する探究型学習に着目する一つの理由は、それが真のライフロングラーナー（生まれてから死ぬまで学習を続ける人）を生み出す教育であるからである。

そして、ライフロングラーナーが学びの着火剤として備えているものが「好奇心」である。以下の学術的エビデンスから、学習は好奇心を刺激する内容である必要がある。

- 好奇心と学力とは正の相関があり、好奇心は良い学習意欲を誘発しつづける (J.M. ケラー「学習意欲をデザインする」〈北大路書房〉など)

幼児〜低学年期に、暗記学習やドリル教材といった受身学習よりも、好奇心に基づいた能動的な学びを経験した子どもは、大人になってからも、言われなくても学び続け成長し続ける。その意味で国際バカロレアの探究型学習は、現在日本が国を挙げて推し進めようとしている大人のリカレント教育に繋がる「学習意欲をデザインする」設計となっ

ている。

　逆に言えば、リカレント教育は、今後の日本でその重要性は益々高まるとしても、需要側に「生涯学び続ける意欲」が育まれていなければ、供給側がいくらリカレント教育を頑張っても効果が減じてしまう。

　前著でも触れたが、子ども期の教育の費用対効果の意義を示した有名な調査として、「この時期の教育投資は就学後の投資よりも投資対効果が高い」というノーベル経済学賞を受賞したシカゴ大学のジェームズ・ヘックマン教授の主張の論拠として知られる、ペリー・プリスクール・プロジェクトの事例がある。この調査結果は日本の幼児教育無償化の根拠としてしばしば言及されている。しかしここで実施された教育の設計思想についてはあまり言及が無い。纏めると以下のようなものである。

- **興味と好奇心重視**：教室内に興味分野別コーナーを配置、子どもたちは好奇心に従って遊びながら学ぶ
- **先生はファシリテーター**：教えることではなく、共に遊び、話をし、子どもの興味をさらに引き出すこと
- **Developmentally Appropriate Practice**：発達段階にあわせた教育内容（所謂早期詰込教育ではない）

　つまり、この実験で投資対効果が高いとされた教育は、日本の教育現場でしばしばみられる一斉教育や、知育教室での早期教育、ドリルのみの記憶中心教育とは異なる。

　幼児〜低学年期に、記憶中心教育や与えられた情報を高速で解く教育ばかり行うと、大人になったときに「与えられたことの処理は高速でできるが受身な人」「出世や試験のためなら学ぶが、根本的に生涯学

び続ける意欲の無い人」を創出するおそれがあるほか、教育の経済的費用対効果を損なう可能性がある。

好奇心を育てることがいかに子どもの人生に重要か、日本の義務教育や塾教育では、忘れられやすいという意味で、本稿ではあえて指摘した。

(4) 英語 - 世界中でコミュニケーションできる力

＊現状の英語教育の課題

文部科学省の示す次期学習指導要領では、現在5年生から開始している「外国語活動」を3年生からに前倒しし（年間35時間）、5・6年生では英語を正式教科（年間70単位時間）に格上げすることとなった。

我々は、東南アジア・中国・韓国をはじめとするアジア各国だけでなく世界中の非英語圏において、バイリンガル教育（＝母国語に加え英語をかなり重視した言語教育）が日本人の想像をはるかに超えた勢いで進んでいることを見ている。今回の英語学習時期の早期化と学習時間の増加は歓迎したい。しかし一方で、この分量では、英語ネイティブスピーカーだけでなく、実践的な英語を（学校教育に加え保護者の熱意で）大量に学んできたアジア各国の人達と丁々発止でコミュニケーションする基礎を築くにはまだ不足といえそうだ。

また、8歳ごろからの学習開始は、言語修得の臨界期を越えるあたりからのスタートとなり、言語修得黄金期を逃すこととなる。

「臨界期仮説」幼児期はどの子どもも特段の努力をすることなく

言語を獲得するが、あるタイミングを越えると自然な形での獲得が困難になるとする仮説。臨界期終了後はその獲得のために異なる学習が必要。臨界期は10歳-12歳ごろとする説が多いが、発音などの音声の習得の臨界期は5-6歳ともいわれる（文法等その他は8-10歳ごろ）

　我々の、41年の歴史を有するインターナショナルスクールと、10年の歴史を有するバイリンガルスクール（50％が英語）、英語サタデースクール（週１回〜、３時間程度）での、英語教育歴や英語学習スタート時期の異なる数千人の児童をみている経験から、臨界期仮説は仮説ではなくある程度事実であるといえる。また、遅くとも5-6歳ごろの幼児期から英語に触れていったほうが、習得が早く、英語への好き嫌いが生じず、外国人への恐れがなく、異文化にオープンマインドになる。

　日本人の全児童に５歳からの英語教育を実施する必要は無いかもしれない。しかし、今の子どもが大人になり日本経済に貢献する2040-2080年の間には、今現在しばしば言われる10％という英語必要人口を超え、30％程度の人は英語を身につけていたほうが一層活躍できる職場にいるのではないかと推測する。

　仮に自らの子どもが、この30％の範疇になる可能性が高いとした場合、どのような英語学習を与えることが望ましいだろうか。日本で提供されている、幼児〜小学校低学年期の英語教育の種類と課題は以下のように整理できる。

- **英会話教室**：近隣に教室が無ければ利用できない。週に１度程度は英語習得困難。
- **通信教育、DVD、CD、絵本**：インプットは可能だがアウトプットが無い。

- **英語アプリ**：海外アプリに良いものが多数あるが、インプットは可能だがアウトプットが無い。
- **オンライン英会話**：幼児には画面を通じた対話は集中力の点からハードルが高く、好奇心を満たす内容である必要がある。
- **公教育（小3〜、新指導要領）**：大人になって仕事で使えるレベルの人間を増やすには量が圧倒的に不足。

上記の多くは英語そのもの（読み・書き・聞く・話す等）を学習目的としているか、逆に親しみやすさを重視してゲームや歌を重視したものとなっている。当該年齢児童の好奇心に立脚した教科横断型の課題解決学習を行う設計ではない。しかし幼児〜小学校低学年期こそ、好奇心に火をつける教育設計が最も学習効果が高い。

その学校や教材で行われている内容が、子どもの好奇心や学習本能を最大限に生かしたプログラムであるのかは、考える力をはぐくむ観点からも重要なポイントとなるだろう。

(5) "STEAM+好奇心+英語"を融合したアクションラーニングの必要性

以上、皆さんとともに、21世紀のAI時代を生きる子どもたちが、義務教育内容に加えて補足するとよいと考える内容を考察してきた。まとめると以下である。

- 「基礎学力・スキル」は日本の義務教育で身につけるとして、そのうえで補足として、
- 21世紀に一層重視される「STEAM」分野は、子どもの好奇心が開花する内容で学ぶ

- 英語コミュニケーション力は、英語単体ではなく、好奇心のあるテーマ（STEAM分野等）を通じて、頭と手足で身につける
- 自宅でも学びが継続する仕掛けを作る

　ここで参考事例として、アオバで日本人の子どもたちを対象に実施するアフタースクール「Action Learning Academy（ALA）」における考え方を紹介したい。

　本プログラムは、今迄述べた問題意識から、5-15歳の子どもの学びの着火材となる好奇心と興味に火をつける、身の回りの課題に密着した「探究型学習」を標榜する国際バカロレアの体系を参考にして開発している。1コマ約1時間弱の時間に、以下のサイクルで授業が展開する。

- **Curious**：STEAM分野を中心にテーマ（Mission）を提示、好奇心を誘発
- **Act**：Missionを解決するアクション（行動・ものづくり・実験等）
- **Tell**：アクションした内容を発表・共有
- **Review**：自宅で関連した内容を復習

　このプロセスにおいて英語のインタラクションを数多くからめて行うことで、結果として英語学習に繋がっているという点が大きな特徴である。例えばCuriousの場面では、先生からの多くの問いを通じて学習内容の好奇心を刺激し、Actionへの動機づけを高める。この場面で先生は、オープンエンドクエスチョン（Yes／Noの答えではなく意見を求める）を尋ねることを通じて、子どもたちに積極的に英語での発言の機会を求める。子どもたちは、その問いが好奇心を持つ内容なので、片言でも発言をしようとする。

Curious	
Attention	好奇心を刺激する多くの問いかけ、なぞかけ、驚きを与える絵やビデオクリップ部分的に見える物体、実験内容の一部だけ紹介光・温度・声の変化による好奇心
Mission	好奇心が充分醸成されたところで、先生は子どもたちに学習テーマを提示
Prediction/Previous Knowledge	子どもたちが過去に学んだ既知の情報を思い出させるテーマについて、どうなるのか、なぜそうなるかを予想させる。
Key Vocabulary/Phrases	この後のActionを実行するうえで使用する英単語や文を予め学ぶ。
ACT	
Resources	これから行うActionに必要な道具立てを確認する。それら道具・行動の英語での言い方を知る。
Plan	実施プランを伝え、述べさせる、または考えさせ、述べさせる（Key Vocabulary／PhrasesとResourcesで学んだ用語を使いながら話せる）
Explore	試行錯誤・質問しながら制作・実験・問題解決作業・グループ活動を行う。
Tell	
What you did	ACTで実施した内容を、順序だてて話す
Report your finding	ACTのプロセスで分かったことや、学んだことを話す。先生はオープンエンド質問をし、生徒は答える。先生はポジティブなフィードバックを与える。
Further Inquiry	家庭でできる関連した英語活動を提示し、ホームワークとする。

　上記クラス活動の後、忘却曲線を抑えるために、家庭で復習（"Review"）を行う。

　以上のプロセスは、最低限の英語力を獲得してからが望ましいが、このようなアクションベースの英語学習を、例えば小学校低学年時期

より行うことで、子どもたちの学習態度や普段の生活は、徐々に下記のように変わっていく。

- より低年齢からスタートしているが故に：
  - 英語で様々なアニメや映像を日常的にYouTubeで楽しむ
  - 英語で絵本や図鑑を楽しむ
  - 情報を収集する際に、より情報密度の高い英語の情報にアクセスしようとする
  - 海外や異文化に興味を持ち、多様性を好み、オープンマインドになる
- アクションベースの学習で学び続けることの楽しさを知ったために：
  - 能動的な学習者となっている
  - 好奇心に満ち、学び続ける意欲が高い
  - 記憶力以上に、考える力、伝えられる力を重視する価値観になっている（子ども・保護者とも）

以上、本稿では、21世紀を生きる日本の学校の義務教育を受けている子どもたちが、どのような学びを追加するとよいか、考察してきた。ご家庭で考える一助となれば幸いである。

Column ◇ 10年後に産業界は一変する：自ら学ぶ人以外生き残れない

　世界的経営コンサルタントであり、大学の学長を務める教育者、さらには自らプログラミングをこなす技術者でもある大前研一氏に、AI時代に生き残れる人材の条件を聞いた。

——人工知能（AI）が浸透しつつある今、既存の産業はどのように変化していくのでしょうか。

　今から15年後の2035年ごろの世界がどうなっているかをイメージする必要があります。
　ただ、35〜40年ごろというのは、実は最も予測が難しい時期なんですね。今ある事業のうち、従来のやり方で努力すれば何とか5年後まで続く事業というのは、半分くらいでしょう。
　10年後は、もう今とはビジネスの形が全く変わっているのではないでしょうか。中国のスマホ決済や預金、融資などの現状を見ると、銀行も今の形では生き残れないでしょう。また、そのころには電気自動車（EV）がかなり普及していて、ガソリンスタンドなんてあまり必要なくなるわけです。
　そのとき自動車産業はどうなっているか。EVが自動車の売り上げ全体の半分くらいを占めていて、田舎では充電スタンドなどのインフラの問題があるので、ハイブリッド車になっているでしょう。（日本が注力してきた）水素を使う燃料電池車なんてまずあり得ないと思う。
　そうなってきたとき、EVの部品点数はガソリン車の10分の1ですから、部品産業を含めた自動車産業はがらっと変わります。
　さらに、すでに普及が始まっているカーシェアリングから、今後は自動運転が普及していく。そうなると、そもそも車が何台売れるのかという話になる。私の推計では、年間の需要は現在の10分の1くらいになります。
　基幹産業である自動車産業が、10〜15年後は様変わりしている。EVと自動運転が普及する時代には、配車アプリの会社が強くなってくるでしょう。UBERや滴滴（デイーデイー）だけでなく、他にも有力なサービスが出てきています。
　例えばドイツには、ダイムラーやBMWが出資しているCar2Go（カー・トゥー・ゴー）という会社があります。街のあちこちに車が配置してあり、アプリで一番近くにある車を探して、それに乗って目的地まで行くことができる。北米でもかなり普及していて、カナダのバンクーバー市内には3000台も置かれています。

昨年、バンクーバーに出張したときに空港まで乗ったリムジンは、黒塗りのSクラスのメルセデスベンツでしたが、運転手がCar2Goで借りたものでした。彼は私を空港まで送った後は、Car2Goでもっと安い車を借りて帰るのだそうです。自分の車は持っていないと話していました。

　もう変化は起きている。15年後に今の形のまま残れる産業は、おそらく一つもないでしょう。

――**そんな時代を生き抜くために、ビジネスパーソンは何を身につけるべきですか。**

　これからは、時代の変化を先読みして"向こう側"に渡った人と渡れない人との差が大きくなる。この差を埋めるために、全ての人が勉強し直すべきです。

　例えば、私が学長を務めるビジネス・ブレークスルー大学では、働きながら2年から5年くらいかけてMBAを取得します。卒業生の中には、起業して活躍している人もたくさんいる。でも、彼ら・彼女らは昨日までどこにでもいる普通の人と変わらなかった。それが最先端の学びを経て"向こう側"に渡ることで歴然とした彼我の差がつくわけです。

AIでは置換できない：リーダーシップ能力が生き残りの武器になる

　21世紀の経済は、サイバー社会、ボーダレス社会、マルチプル（倍率）社会、そして現実の社会の四つが一緒になってできている「目に見えない経済大陸」だ、と私は『新・資本論』などの著作で20年前から述べてきました。目に見えないものは、誰も教えることができない。つまり、自分で探りに行くしかない。

　では、どうすればいいのか。これまでのように誰かから教えてもらい、それを覚えるという学びのスタイルでは駄目。自分で学びたいことを選び、自ら学ぶ。そういう姿勢が不可欠です。

　教えられたことをひたすら覚えることが得意だった人たちは、これ

からAIに仕事を置き換えられてしまうでしょう。

　それなのに、今の文部科学省の学習指導要領には、AI時代に人間が何をどう学ぶべきか全く書かれていない。それどころか、AIに簡単に置き換えられてしまうような知識を学べといっている。そういう教育を受けた子どもたちが15年、20年後に直面する厳しい現実を想像すると、本当に恐ろしくなる。日本の最大の不幸は、この教育システムです。

　21世紀は「答えのない世界」です。だから、「教える」という概念もなくなる。デンマークやフィンランドでは、1990年代半ばに「教えない」教育にいち早く切り替えました。

　もともと答えがあるわけではないので、クラスの一人一人が違った意見を持っていて当然です。皆が意見を出し合い議論しながら、最後は一つの意見にまとめていく。その際に必要になるのがリーダーシップ（統率力）です。これは決してAIでは置き換えられない能力であり、世界のどこに行っても通用する能力です。答えは覚えるものではなく、発見し、日増しに改善していくものなのです。

――リーダーシップを磨くためには何が必要ですか。

　リーダーシップを発揮するためには、IQはもちろん重要ですが、皆の意見を集約し一つにまとめていく過程で、EQ（心の知能指数）も重要になってくる。つまり、「こいつがここまで言うのなら、一緒にやってみよう」と周りに思わせることができるかどうかです。

　そして、EQを高めるために重要なのが、歴史や哲学、文化、美術といった教養、リベラルアーツです。ここでいう教養とは、知識としての教養ではなく、ソクラテスが弟子たちとの対話を通じて真実を見つけたような実践的な手法のことです。アリストテレスの論理学やソクラテスの対話で真実に迫っていくやり方は、2000年の時を経て、再び重要になってくると思います。

　日本は、明治以降の近代化の過程で、教養を身につけるステップをスキップしてしまった。欧米に追い付き追い越せとばかりに、ひたすら答えや知識を詰め込んできたからです。

―― 一方で、AIを使いこなすためにはどんな能力を身につける必要がありますか。

まず言いたいのは、余計なことをやるなということです。日本は、35年の世界では全く役に立たないようなことばかりやっている。

AIはやり方さえ教えれば、瞬時に答えを導き出します。そんな時代に求められるのは、自分の頭の中にある構想、思い描いた世界を「見える化」すること。そのために、システム的な設計はできるようになる必要があります。また、見えている商売のコンセプトを実現するためのプログラミング技術もなるべく若いうちから身につけた方がいいでしょう。今イスラエルが起業ブームで注目されていますが、文系や理系などの区別なく小学校からプログラミングを教えるからです。

システム的な設計とプログラミングの基礎が分かっていないと外部に丸投げせざるを得ず、結局自分たちの思った通りのシステムができなくなる。ですから私の大学では、教育システムは社内でつくっています。全て内製です。だからPCからスマホに媒体が変わっても、旅行中でも通勤中でも授業が受講できるようになっています。

AI時代を生き抜くために必要な能力

AIでは代替できない能力
- リーダーシップ（統率力）を磨け。そのためにEQ（心の知能指数）を高めよ
- 知識としての教養ではなく、実践的な教養を身につけよ

AIを味方にするための能力
- 自分の頭の中にある構想を見える化するために、システムの大枠を設計できるようになれ
- 簡単なレベルのプログラミング技術は、なるべく若いうちから身につけよ

（週刊ダイヤモンド　2018/5/12）

3. AI人材育成のためのオンラインプログラミング講座（p.school）

p.school 校長　伊藤泰史

（1）なぜ小学生からプログラミングを学ぶのか？

　一人ひとりが小さくても立ち上がり、世の中に影響力を発揮するにはどうしたらいいのでしょうか？

　今日、ICT（情報通信技術）の目まぐるしい進歩によって情報処理能力が著しく高くなり、今まで理論的にはこうなるはずだといった机上の理論に閉じ込められていた夢物語がその夢から覚め、実践の場に次々と飛び出してきています。IoT、Big data、AIなどがバズワードになってきた2010年代から第四次産業革命と言われています。経済面からみると法人の経済活動がボーダレスになり経済的国境がなくなって久しく、加えてICTの進歩によって個人もインターネットを通して国境なき世界で繋がってきています。インターネットでこれだけの人数が繋がることは人類史上初めてのことです。それ故、皆で群れなくても個人の力を世界に示すことができる時代になってきたのです。つまり、個人の能力次第で世の中の価値観を変えることができる時代なのです。この様な人たちが第四次産業革命では主役となるでしょう。

　その主役は米国のシリコンバレーで活躍しています。Alphabet(Google) のラリー・ページ、セルゲイ・ブリン、Facebookのマーク・ザッカーバーグ, Amazonのジェフ・ベソス, Tesla

Motorsのイーロン・マスクなど世の中の価値観を変えるサービスを提供し、創業した会社はユニコーン企業（時価総額10億ドル以上）となっています。彼らの成長過程には共通点があります。彼らは15歳まで、多くは小学生の時代にプログラミングに嵌っています。参考：［表1］ユニコーン企業の創業者がプログラミングに興味を持った時期）また、彼らは、ハーバード大学、スタンフォード大学など米国の一流大学に入学しています。これらの大学に入学する学生は高校時代からプラトン、アリストテレス、ソクラテス、マキャベリ、マルクスなど古代ギリシャから近代の哲学者、思想家などから学び教養を身につけています。そして、大学に入学し、20歳ごろから世の中の価値観を変えるような構想を描き、それをプログラミングし、荒削りながらアプリケーションを作成しています。このような行動をすることによって実際に検索、SNS、EC、電気自動車など新しい事業領域を作り、その事業領域で短期間のうちにユニコーン企業に成長してきました（参考：［図1］ユニコーン企業の創業者がプログラミングに興味を持った時期と時価総額）。このように、小中学生の10代でプログラミングに嵌り、高校生の時に教養を身につけ、大学生時代の20代のときに自分の構想をプログラミングで形にしてきたという共通点があります。

　翻って日本を見るとプログラミングスキルは本当に必要なのでしょうか？上流工程の企画・設計だけをやり、プログラミングは労働力の安い国に外注すればいいのではないか？といった声が大きいです。言いたいことは分かりますが、このような分業からは世の中を変えるような大きな活力は生まれません。この分業の構図はお互いが与えられたものを効率的に遂行していくサラリーマン組織に属しているからこそ心地よく成り立つものだからです。
　本プログラミングスクールの教育の目的は、ICT（情報通信技術）が飛躍的に進歩していくこれからの時代に一人ひとりの個の力を引き

[表1] ユニコーン企業の創業者がプログラミングに興味を持った時期

会社名	創業者がコンピュータ、プログラミングに興味を持った時期
Apple	・Steve Jobs・・・13歳頃には電子部品をガレージで組み立てて電子機器を製作。リード大学中退。 ・Steve Wozniak・・・6歳の時、アマチュア無線免許取得。自作キットのアマチュア無線機製作。13歳の時、トランジスタを組合わせたコンピュータで科学コンクール優勝
Microsoft	・Bill Gates・・・12歳頃(中学生)、コンピュータに興味を持つ。15歳頃(高校生)、交通量計測システム、給与計算システムの作成。ハーバード大学法学部中退
Google	・Larry Page・・・6歳の頃からコンピュータを始める。スタンフォード大学(コンピュータ科学修士) ・Sergey Brin・・・幼少期(小学生)からコンピュータを始める。スタンフォード大学(コンピュータ科学修士)
Facebook	・Mark Zuckerberg・・・12歳頃(中学生)からプログラミングを始める。ハーバード大学工学部コンピュータ学科中退
Amazon	・Jeff Bezos・・・幼少期(小学生)からガレージで理科実験。15歳頃(高校生)、コンピュータに興味を持つ。プリンストン大学(コンピュータ科学)
Tesla Motors SpaceX	・Elon Musk・・・10歳の頃からプログラミング独学。12歳の時商業ソフトのゲームを製作し販売。ペンシルベニア大学(工学士)
Twitter Square	・Jack Dorsey・・・8歳でMacに触れ、10歳で、IBMパソコンに精通。14歳の時、自動車の交通システム(タクシー会社)のソフトをオープンソースで書く。ニューヨーク大学中退
eBay	・Pierre Omidyar・・・14歳頃(高校生)からコンピュータに興味を持つ。タフツ大学(コンピュータ科学)
Snap	・Evan Spiegel (CEO)・・・スタンフォード大学中退 ・Bobby Murphy (CTO)・・・スタンフォード大学(数学・コンピュータ科学)

出し、世の中の価値観を変えるような構想力、行動力を持った人材を育成することです。

それ故、本プログラミングスクールはプログラミングのスキルを鍛えるだけのスクールではなく、ICTの基礎、リベラルアーツ(教養)、

~ インプットからアウトプットの競争へ ~

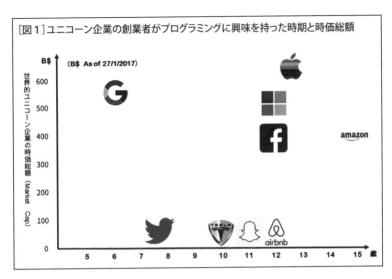

[図1]ユニコーン企業の創業者がプログラミングに興味を持った時期と時価総額

ビジネスデザイン、リーダーシップなども含め立体的に学んでいきます。この狙いは、科学的にものごとの原理原則を理解すること、ギリシャ文明、ローマ文明を築き上げてきた偉人の考え方、グローバルな世界での多様性、稼いでいくためにビジネスセンスを磨くビジネスデザイン、そして、一つのことを成し遂げていくために人を巻き込んでいくリーダーシップやフォロワーシップなどについて横串を通して学ぶことによって物事の本質を掴み、豊かな構想力を養うことです。また、プログラミングする力をベースとして鍛えているので、自ら考えた構想をプログラミングして実現することができます。構想は目に見える形になって初めて第三者に理解してもらえるものです。本スクールでは、構想力に磨きをかけ、その構想を自分でプログラミングし、見える化することによって人を説得する力をつけていきます。

プログラミングの学びを10代の頃から始めると、米国のシリコンバレーで活躍している主人公の成長過程と同じような道を歩むことになります。日本でも米国と同様にプログラミングを学ぶ機会を平等に与えたいと思い、オンラインのプログラミングスクールp.schoolを立

ち上げました。今後、日本がIT立国として世界貢献できるようになるために、1人でも多くの方がプログラミングを学んで欲しいと思います。そして、将来日本を背負って立つ若い世代には、できれば小学生のうちからプログラミングに興味をもつことを期待するとともに、プログラミングのできるアントレプレナー型グローバルリーダーを育成していきたいと考えています。

（2）p.schoolで開講するAI（人工知能）シリーズが目指す"もの創り"とは？

　プログラミング講座の入門編と基礎編では、特定の言語を深く学ぶのではなく、ものごとを順序だてて整理していくプログラミング的考え方の基礎を学んできました。プログラミング学習の初期段階でプログラミング的考え方を習得することによって、広義な意味での問題解決ができるようになります。問題となっている課題を論理的に整理し、要件をまとめ、次にそれをプログラミング言語で言語化することによって、はじめてコンピュータを使った問題解決ができるようになります。また、自分のアイデアをプログラミングで形にするのも同様です。頭では、課題を整理し理路整然とまとめるのが良いと分かっていても、実際は何からやって良いのか分からない、ということが多くの方の悩みとなっています。

　例えば、AIの理論を学んでも、AIで何ができるのか？AIをどう扱うのか？AIをシステムに実装するにはどうすればいいのか？こういったことが皆目見当がつかない、というのが現実です。そこで、AIシリーズでは具体的な実習を通して学ぶことによってプログラミングによる具体的な実装方法を身につけていきます。実習に古きよきもの創りの要素を加えることによって、より学習効果の高いものになる工夫をしています。

~ インプットからアウトプットの競争へ ~

　もの創りの歴史は、匠の職人技によるアナログな昭和時代からコンピュータ制御等によるデジタルな平成時代へと変遷してきています。そのような中、本AIシリーズでは、Pythonを使ったディープラーニングのシステムを実装し、AIを活用して問題
解決できる力を身につけていきます。デジタル化された現代において、あえて"レトロ"なもの創りに挑戦していき、その課程でものごとの原理原則に触れることで、もの創りの醍醐味を知ってもらうことを狙いとしています。

　ものごとの原理原則の要素には、三角関数、論理的思考など数学要素、オームの法則など科学要素、プログラミングなど工学要素、センサーやカメラ、PCなど技術要素を併せて学ぶことにより、いわゆるSTEM教育にもつながっていきます。

　STEM教育とは最近巷でもバズワードになってきた、Science（科学）、Technology（技術）、Engineering（工学）、Mathematics（数学）と4つの領域にまたがる教育方針のことです。プログラミングを使ったもの創りを通じてこの4つの領域を横断して学んでいくことになります。

　手作り要素とICT（情報通信技術）を活用したデジタルを組み合わせたもの創りこそが、平成の時代そして次の元号の時代において求められるものです。汗をかきながら己の手足を使うと、自然ともの創りの面白さに気付きます。こうして自ら学ぶ力とやりきる行動力を身につけることこそが、答えのない、ICTの技術革新が目まぐるしいこれからの時代に、生き残る力、稼ぐ力へと繋がるのです。そして、リカレント教育として1人でも多くの人が学ぶことによってはじめて日本がIT立国として再び経済発展していく道が開けるのです。

今注目度 No.1 のコンテンツであるAIと稼げるプログラミング言語 "Python" を学ぶことができます。もっとも要望が多かった大人を対象としたプログラムになっています。

第1弾は、「AI&Python」です。プログラミング言語 Python を基礎構文から学び、第2弾「Machine Learning」での機械学習へと続いていきます。

皆さんご存知の Instagram や YouTube は Python で開発されています。Python は数値計算や統計処理を行なう優れたライブラリに加え、ディープラーニング（深層学習）の主要なフレームワークを操作できるインターフェースが提供されています。この利便性を活かし Python を使ってマシンラーニング、ディープラーニングによるシステムを開発していきます。AIシリーズでは、最終的にディープラーニングをシステムに実装し、AIを活用して問題解決できる力をつけていきます。

（3）AI 人材育成のためのオンラインプログラミング講座

日本では IT 技術者が既に 20 万人以上不足しており、IT 技術者育成の為にプログラミングが大事だと言われて久しいですが全く手が付けられていませんでした。ですが、ようやく文部科学省が 2017 年 3 月に公示した「学習指導要領」の中で、2020 年から小学校へのプログラミング教育必修化の項目が盛り込まれました。このことによって日本の将来を担う子どもたちには IT 能力を幼いころから身につける

環境が形式的に整うことになります。しかしながら、多くの小学校では現場にいる先生たちが上からの丸投げでどうしたらいいのか分からない、という悲鳴を上げています。そうは言っても、AIをはじめIT技術の進化は恐ろしく速く、待ってはくれません。ITは今や身近な暮らしやビジネスにおいて必要不可欠なものであり、子どもたちだけではなく日本経済を支える大人たちにも適用力が求められます。また、経済産業省が発表した「IT人材の最新動向と将来推計に関する調査結果」によるとIT人材は、2020年に約29万人、2030年に約59万人が不足すると推計され、ますます深刻化するとされています。日本における社会人、特に学校の先生へのIT人材の育成は急務となっています。

そこでp.schoolでは、これまで小中高生向けにプログラミング講座を提供してきましたが、大人向けプログラミング講座AIシリーズ（初級編）の「AI & Python」を提供する運びとなりました。初級編の受講期間は3か月間、AIやプログラミングを学んだ経験のない方でも受講できる基本的な内容となっています。AIシリーズでは、実習を通じてAIの基礎を学び、最終的には自分の考えをプログラミングによって形にしAIを活用して問題解決できる力を身につけていただきます。

本プログラムは、オンラインで時間と場所を選ばずに学ぶことができ、初級編から上級編まで随時開講する予定となっています。まずは初級編として、AIの機械学習で使われることの多いプログラミング言語Pythonについて学んでいただきます。Pythonとは、InstagramやYouTubeにも使用されているプログラミング言語で、他の言語と比較して少ないコード量やシンプルな構成から、プログラミング初学者が学びやすい言語とされています。

また、AIを理解してビジネスに活かすためには、プログラミングスキルの習得にとどまらず、アイデアや構想力、人を動かす力なども同時に重要と考えています。そのため、ICT基礎・ビジネスデザイン・リーダーシップ・リベラルアーツ（基礎的な教養と論理的思考力の習

得に重点を置いた科目）など、ビジネスパーソンとして活躍するためのスキルを多方面から身につけることのできるプログラム構成となっています。

本プログラムは、転職やキャリアアップをねらう社会人や将来 AI に携わる会社に就職したい大学生に、有意義な学びの場を提供します。なお、あらゆる分野で AI の知識が役立つようになってきたため、様々な目的に応じて受講が可能です。例えば、自社内でのキャリアアップを狙っている方が AI・プログラミングの知識や技術を習得することで、AI に関する業務を外注する際に自社ビジネスへの適切な活用策を立案することにも役立つかもしれません。

本プログラムの提供を通じて、AI に使われる人材ではなく、今後ますます進化する AI を活用できる人材の育成に貢献していきます。

p.schoolカリキュラム一覧

	入門編	基礎編		AIシリーズ 初級編	中級編	上級編
受講期間	3ヶ月	3ヶ月×2		3ヶ月	3ヶ月×2	3ヶ月
プログラミング	Scratch	ビジュアル言語からテキスト言語へ	プログラミング的考え方	AI & Python	Machine Learning (1)	Machine Learning (2)	Deep Learning
ICT基礎		コンピュータってなんだろう？	CPUの仕組み	OS	ネットワーク	ICT総合	ICT総合
ビジネスデザイン	プログラムがビジネスを動かしている	お金を継続的に稼ぐ仕組み	ビジネスをつくるプロセス	AIがビジネスモデルを変える	AIがビジネスモデルを変える	リーンスタートアップ	ビジネスプレゼン
リベラルアーツ		教科書では学べないけれど世界で活躍するには知っておきたい教養		教科書では学べないけれど世界で活躍するには知っておきたい教養			
リーダーシップ		常に新しいことに挑戦する経営者、起業家の慧眼に触れる		常に新しいことに挑戦する経営者、起業家の慧眼に触れる			

※カリキュラムは変更になる可能性がありますので、予めご了承ください。
※入門編、基礎編は小中高校生向けの講座ですが、大学生/社会人も受講可能です。

(4) p.schoolの目指すところ

　p.schoolは、日本がICT立国として将来稼いでいく力をつけていくことを大きな目標としています。世界で活躍できるICT人材を育成していくことが本スクールの目的です。そのためには、プログラミングスキルの習得だけでなく、自らの構想を実現するための学びも必要となってきます。自分自身の構想力を豊かにすることが重要なのです。そのために、著しい進歩を遂げている情報技術や通信技術の原理原則を理解し、激しい進化の中でも、方向性を誤らない力をつけることも大切なポイントです。

　自然科学などから論理的に導かれる一意性、あるいは、人種、民族、宗教、文字、言語、哲学、人文科学などから見た多様性など、リベラルアーツ（教養）から考えることの大切さを学びます。論理的な一意性と感性的な多様性の相互作用から発想を得たり、構想力を豊かにしていきます。構想を実現していくには様々な考えを持った人々を動かすリーダーシップが必要です。また、インターネットが普及した今日、商品やサービスは一瞬にして何十億人という人々の目に留まることになります。その何十億人の多様性に耐えるビジネスデザインも重要な要素となってきます。

　プログラミングを通じて、自分のアイデアや構想を世の中に出す際、このような複雑さを克服するためにもICT基礎、リベラルアーツ、リーダーシップ、及び、ビジネスデザインなどを同時並行で立体的に学んでい

かなくてはいけないのです。
p.school のカリキュラムはこのような思想の元、構成されています。したがって、プログラミング言語の文法をこと細かく覚え、学校の試験で満点を取るために学ぶのではありません。自分の構想を実現するために学ぶのです。

そう聞くと、プログラミング言語に関して網羅的に学んではいけないように感じられるかもしれませんが、自分のアイデアを実現するために論理的にブレイクダウンし、プログラミング言語にどう翻訳するかを習得していきます。

いわゆるプログラミング的な考え方を学ぶことに主眼を置いていますが、あくまで構想が源となりますので、それを想像する構想力をつけていくことが鍵となります。そして自分にユニークな発想が生まれたとき、人に理解してもらうためにプレゼンテーションをしますが、大事なのはその内容です。さらに聴衆の理解を促すために、自らプログラミングして作ったデモシステムを披露するとよいでしょう。百聞は一見にしかずの通り、一番効果が高いです。このときプログラミング自体は主役ではなく、多くの人の理解を助けるツールという役割になります。プログラミング言語がこのような空気のような存在価値ということに対して少し物足りなさを感じられるかもしれません。

p.school では世界で活躍できる ICT 人材の育成を目的としており、これは自分の構想力を豊かにし実現させていくことにもつながっていきます。大きな構想を示し、それに皆が賛同し、リーダーシップを発揮し実現していくことができる人材を育てるための教育です。このような人材を 1 人でも多く育成していきたいと考えています。

~ インプットからアウトプットの競争へ ~

Column ◇ p.school サマーイベント『Drone で学ぶプログラミング！』イベントレポート

　2018年7月28日（土）に、無事にサマーイベント『Droneで学ぶプログラミング！』を開催いたしました！台風の影響で開催が危ぶまれましたが、当日はなんとか天気ももって、無事終了することができました。

　今回のイベントの狙いはPCの外に出るということにありました。プログラミングをする時は、いつもPCの画面とにらめっこし、プログラムを直しては動かし、その結果をまた、画面を見て確かめる。トライアンドエラーを繰り返すわけですが、上手くいってもいかなくても、普段はPCの画面内で完結してしまいます。ゲームが完成しても遊ぶのは画面の中ですよね。そこで、この画面の外に出てみようというのが今回の企画です。作成したプログラムをドローンに送って自動操縦するというもので、つまり、プログラミングの結果を画面で確認するのではなく、ドローンが自分の考えた通り飛行しているかどうかを直接確認するということです。画面から一歩外に出てドローンという動くモノで確認する。そして、自ら作成したプログラムで、動くモノを制御することができるということを学ぶことができます。また、同時に何回もの失敗を繰り返し、最後に自分の思い通りにドローンを制御し、飛ばすことができた時の達成感と喜びを経験することができます。自分で考えたプログラムの実行結果が目の前で見えるので試行錯誤の過程でロジックを考えるという創造力を働かせることが脳を刺激し、ゾーンに入っていきます。この状態を外から見ると、一つのことに集中し、できるまであきらめず、途中で心が折れない強い意志があるように見えるのです。このように考える力と精神力の両方を伸ばしていくことができるプログラミング教育は子どもにとって深みのあるものになっています。

さて、イベントでどんなことを学んだのか見てみましょう。

まず、午前中は阿多口聡講師による講義「ドローンはなぜ飛ぶの？」で、ドローンがどうやって飛んでいるのかを学びました。プロペラが回ることによる空気の密度の差で、上がったり下がったり、前に飛んでいったり、回転したりするといった、ちょっとだけ難しい内容もありましたが、隣のお父さん、お母さんと一緒に勉強することで理解できたのではないかと思います。

講義で頭を使った後は、東京アメリカンクラブにて、みんなでブランチを楽しみました。ビュッフェ形式だったので、たくさん食べ過ぎてしまった人もいたようです。

そして午後は広い会場に移り、いよいよドローン実習！

講師のデモフライトから始まり、親子でプログラミングによるドローン飛行、皆さん夢中になって取り組んでいた様子が印象的でした。プログラミングが初めてという親子も、講師の指導によってプログラムの作り方を覚え、できるようになりました。どの親子もお子様の方が、飲み込みが早いように見えました。やはり語学と同じように、プログラミング言語も早い内に学んだほうが効果があるということを改めて認識しました。実習でのプログラミングが始まると、一気に集中力が増すとともに親子での議論も活発になりました。親子のコミュニケーションを深めようということも p.school の学びの目的の１つですが、それを実証できたと思います。そして、p.school の講座本来の目的である、プログラミングによって実際に目の前のモノを動かせるという感動を味わっていただけたのではないかと思います。

プログラミングの可能性を感じる、そんなイベントでした。

今後も p.school では、親子で学ぶプログラミングイベントを開催していきたいと思います。

(5) 小学校でのプログラミング教育を生かすには？

p.school 校長　伊藤泰史

◎第1回

　皆様ご存知の通り、BBTではいろいろなプログラムがあります。どのプログラムもBBTのミッション『世界で活躍するリーダーの育成』がベースになっています。特に今日では、グローバル化による社会の多様性と急速な情報化や技術革新による社会的変化、デジタルシフトが進行してきています。デジタルシフトにより産業のデジタル化が進むにつれ、あらゆる業界に変革が求められる時代になっていきます。特に、FAANG（フェイスブック、アップル、アマゾン、ネットフリックス、グーグル）などに代表されるデジタルテクノロジー企業の進展で、産業の仕組み、儲け方がこれまでと大きく変わっていきます。デジタル・ディスラプション（デジタルにおける産業の創造的破壊）時代にビジネスの仕組みを考えていく必要があります。また、近年、飛躍的に進化した人工知能の更なる進化によって、2045年には人工知能が人間を越えるシンギュラリティに達するという予測もでてきました。デジタル・ディスラプションの先にあるシンギュラリティ時代には従来の稼ぐ力、生き抜く力も通用しません。デジタル・ディスラプション時代、シンギュラリティ時代に世界で活躍するリーダーとして求められるスキルセットは時代の進歩とともに変化していきます。

　このように技術革新は激しいですが、デジタル・ディスラプションやシンギュラリティを見越し、デジタルシフト、AIシフトしていかなければならない時代の教育は、国の行く先を左右するほど重要なものとなります。特に、義務教育である小学校や中学校の教育方

AI時代に必要な学び

針は、国家百年の計を持って取り組むべき課題といっても過言ではないでしょう。つまり、子どもたちの成長を支える教育の在り方も、明治時代から変わらない普遍的なものではなく、その時代に合ったものに発展していかなければならないものです。文部科学省も中央教育審議会の答申を通じて学校の学習指導要領等の改善について、"学校を変化する社会の中に位置付け、学校教育の中核となる教育課程について、よりよい学校教育を通じてよりよい社会を創るという目標を学校と社会とが共有し、それぞれの学校において、必要な教育内容をどのように学び、どのような資質・能力を身につけられるようにするのかを明確にしながら、社会との連携・協働によりその実現を図っていくという「社会に開かれた教育課程」を目指すべき理念として位置付けること"と変化してきました。分かりやすく言うと次のようなことです。世の中が変わってきているので学校も変わっていく。学校の教育内容も学校だけで決めるのではなく、実社会で役立つように社会と連携していくことによって、時代の変化に対応できるようにしていく。これを「社会に開かれた教育課程」といい目指すべき理念とするということです。

この理念を実現するには、教職員間、学校段階間、学校と社会との間の相互連携を促進していく必要があります。学校の外の社会と連携することによってシンギュラリティに向け、人工知能が得意としない創造的な問題解決を行うことができる人間の強みを伸ばしていく教育こそが学校に求められているものです。このような時代の大きなうねりの中で大きく教育方針を変え、その基盤となる情報活用能力としてのプログラミング教育をこれから実施していくことになりました。実社会の変化を教育の現場に生かし、実社会がその教育の恩恵を受けるためにも学校を中心とする地域社会の関係者と一体となることが必要であると考えるところです。

このような背景をもとに、小学校の新学習指導要領(平成29年3月告示)では、プログラミングを体験しながらコンピュータに意図

した処理を行わせるために必要な論理的思考力を身につける学習活動を教員ができるようにと求めています。また、プログラミング教育が学習の基盤となる資質・能力と位置付けられており、今日の情報技術の飛躍的な進化の波に乗り遅れずにわが国も情報通信技術で世界に伍して戦え、稼いでいけるようにその基礎となるプログラミング教育を小学校から必修にしたと推測するところです。必修化は2020年4月からであり、全国一斉に始めるにあたって約1年間で全国約645万人の小学生、2万校以上の小学校に円滑に導入していく必要があり、かつ、公的性質を有する学校における教育水準を全国的に確保していかなくてはなりません。

　実は、今、このような教育の大改革を静かに進めようとしています。このように国として戦略的に将来、情報通信技術分野において世界で活躍できる人材を育成していこうと舵を切った背景と、「社会に開かれた教育課程」の理念を踏まえた上で小学校のプログラミング教育の在り方を生かすにはどうしたらいいか、そのポイントを次回、じっくりと考えていきたいと思います。

◎第2回

　文部科学省は国の戦略として、将来、情報通信技術分野において国際的に活躍できる人材を育成していこうと、プログラミング教育を小学校から必修化するという舵を切るとともに「社会に開かれた教育課程」を理念に置くところまでを前回お話ししました。その上で、小学校のプログラミング教育の在り方を生かすことを、BBTとして考えてみると3つのポイントがあります。

(1) 時代の流れにあった教員の学習方法
(2) 社会に開かれた教育課程として関係者との連携
(3) カリキュラム・マネジメントを実現する自律的組織の構築

● AI 時代に必要な学び

(1) 時代の流れにあった教員の学習方法

　プログラミング教育の場合は、プログラミング的な考え方という非常に抽象的な概念を教えていかなければいけませんので難易度が高いと思います。それに加え、これからの時代に求められる資質・能力を身につけさせるように教えていかなくてはいけません。それ故、教える研修用教材を独学で学ぶのではなく、教員同士の対話形式で学びあう協調学習形式の方が子どもたちがどこでつまずきやすく、何を知りたがっているのか、などの子ども視点での教えのポイントをつかみやすくなります。対話の相手も、同じ小学校の教員だけでなく、他の小学校の教員と実施することもできます。また、専門家でもない教員が目まぐるしいICTの進歩に追いついていくことは現実的ではありません。そこで、地域でプログラミングを生業としている企業の方から、プログラミング教育を受けることもできます。自分一人の力だけではなく、関係者の話を数多く取り入れることが大切な要素となります。このようにICTの進歩とネットワークの普及によって、教員主導の協調学習方式で時代の流れにあわせて学習することができます。

(2) 社会に開かれた教育課程として関係者との連携

　児童・生徒を中心に考えた場合、関係者は、教員、職員、保護者及びその家族、地域社会で生活する人々に加え、SNS等インターネット上で繋がっている人々も含まれます。このように多くの関係者に対し、プログラミング教育の必要性を伝えていくことは、地域社会の教育に中心的な存在である学校の使命でもある、と考えられます。学校だけではなく、地域という面にまで、プログラミング教育を普及していくことが大きな課題となります。

　まず、学校内でプログラミング教育に関する認識の共有を行う必要があります。実際にプログラミング教育を指導するのは、一部の教員

となるでしょう。しかし、プログラミング教育が学習の基盤となる資質・能力であると位置付けられるため、学校組織として対応していくことが必須となります。そのため、全国40万人を超す教員に「なぜ小学校にプログラミング教育を導入するのか？」という問いに対して、プログラミング的思考の大局観を理解し、共通認識を醸成する必要があります。まずは学校が一丸となり、周りの関係者を巻き込むことを狙っていきましょう。

⑶ カリキュラム・マネジメントを実現する自律的組織の構築

　各学校には、学習指導要領等を受け止めつつ、子どもたちの姿や地域の実情等を踏まえて、各学校が設定する学校教育目標を実現するために、学習指導要領等に基づき教育課程を編成し、それを実施・評価し改善していく、いわゆるカリキュラム・マネジメントが求められます。特に情報通信技術の進歩は日進月歩であり、その進化のスピードは今後ますます速くなることが予測され、プログラミング教育にかかわる科目横断のカリキュラム・マネジメントを迅速に回していく必要があります。公的使命を帯びた学校は、全国の児童・生徒に対し、同時期に同内容のことを公平性を持って教育・指導することを期待されます。そのためには、学校が単独で自律性を持って変えていくだけではなく、学校同士が有機的な組織として自律性を持つ仕組みを作っていくことが望ましいでしょう。例えば、左利きの児童がなかなかマウスの右クリックができないのを、どのように教えていますか？という些細な悩みや疑問にも、解決に多くの時間を費やしてしまうものです。「小学校プログラミング教育の手引」や「未来の学びコンソーシアム」などでは聞けないプログラミング教育以前の初歩的な悩みに対して、現場の教員同士で迅速に解決していく仕組みを作っておけば、自律的に問題解決しながら効率的に質の高い教育ができると考えられます。

　このようなことを教員の善意に任せ、個人レベルでブログや個人サ

イトから啓蒙するより、小学校が組織的に取り組んだ方が日々の全国の学校で起きている課題、疑問点、児童・生徒からの質問内容等のデータが蓄積され、将来ビッグデータとして活用することも可能であり、全国の学校の教育の質向上に貢献することも可能になります。

また、新しいことを試みるときは参考になるもの、改善が必要なものなどをなるべく多くの事例から共有する方が効率的なため、市町村の行政単位の学校と連携していくのが良いでしょう。複数の学校と連携できた場合は、学校間の進捗も分かるのでお互い切磋琢磨するいい意味での緊張感が生まれることもあると思います。

一方、学校は元々独立しているので、このような枠組みに対して反対意見が出ることも当然想定されます。その場合は、一校ごとに単独で実施していき、独立して行うより学習効果が高いことが伝わるのを期待しています。

以上、3つのポイントをお話ししてきましたが、次回は、これらのポイントをより効果的に実現するための手段についてBBT視点でお伝えしたいと思います。

◎第3回

これまで、2回に渡り文科省の学習指導要領等の改善の狙いを見てきましたが、その中で小学校のプログラミング教育の在り方を生かすために、つぎの3つのポイントをお話ししてきました。

(1) 時代の流れにあった教員の学習方法
(2) 社会に開かれた教育課程として関係者との連携
(3) カリキュラム・マネジメントを実現する自律的組織の構築

この教育方針の転換を機にこれらを実現するために遠隔教育シス

テムのプラットフォームであるAirCampus®を日本中の学校に導入していくことを提案します。AirCampus®は、主に遠隔教育システム用に設計されており、先生の講義を視聴する機能、先生の指導や教室での生徒同士が議論する場をアプリケーション上に実現しています。先生の講義については、先生の講義を収録し一人ひとり各人が見たい時に映像を配信するVOD方式で実現しています。先生の指導や教室での生徒同士の議論については、サイバー上にクラスを作り、そのサイバークラスルーム内でクラスメイトとテキストベースで議論できるようになっています。この時、議論するにあたって必ずしも関係者が一堂に会することはないですし、同じ時間帯でリアルタイムに議論する必要がありません。議論はテキストベースで行い、サイバー上に履歴が残りますのでそれを読みながら議論に参加することになります。これらの機能を応用すると公式な組織ではない組織内のコミュニティーのコミュニケーションを取ることができます。例えば、今回の場合、教員、保護者、地域の関係者など生活習慣が異なり、物理的に同じ場所に集まることやサイバークラス上でも同じ時間帯に集まることが困難な人々が、ストレスなくコミュニケーションを取ることができます。この仕組みにより、いつでも、どこでも、誰とでもコミュニケーションをとることができ、一人で考えるより、違う考え方の人とも議論ができ、より良い解決策が生まれる可能性が高くなります。

　それ故、上記の(1)～(3)は、一人孤独に学ぶのではなく、同じ学校の教職員、保護者、あるいは、同じ地域の関係者とコミュニケーションをとりながら、仲間として一緒に学んでいくことを大前提としており、AirCampus®を活用することによって実現可能と考えるところです。また、主にテキストベースの議論になるので、論理的に論旨を展開していくことになり内容の深い議論が効率的に進めやすくなります。このようなプラットフォームを提供することによって、教職員間、学校段階間、学校と社会との間の相互連携を可能とし、

社会に開かれた教育課程の目指すべき理念を実現できます。

この社会に開かれた教育課程を実現していくにあたって具体的なイメージは次のようになります。まずは、関係者間で共通の問題意識、課題意識を持つことが大事です。そのために AirCampus® で関係者にコンテンツを視聴いただき、共通認識を持っていただきます。例えば、今回のように小学校にプログラミング教育を導入するにあたってなぜプログラミング教育が必要なのか？プログラミングが、実際の社会でどのように使われているのか？　また、AI が注目を浴びているが将来どうなっていくのか？　このようなことについて共通認識を持ち、議論を誘発していくコンテンツとして次のようなコンテンツが考えられます。

① 小学校へのプログラミング教育導入について
　　プログラミング教育の現状と必要性について解説する。
② プログラミングの実用例について
　　社会、あるいは、ビジネスでプログラムはどのようなところで使われているかを身近な例で解説する。
③ AI とビジネスの未来
　　情報技術や人工知能の進化とともに変化する社会や産業の構造について洞察する。

教職員及び保護者は①〜③まですべてを視聴していきます。保護者や地域の関係者は②と③を任意で視聴します。これらのコンテンツの視聴によって、教職員は世の中の動向を知ることになり、保護者は子どもとのコミュニケーションのきっかけにもなります。地域の関係者にとっては、実社会でプログラミングがどのように使われているか、ということや将来実現したい要望を、教育の現場にフィードバックする機会を得られます。

このように、学校を中心にプログラミングや情報通信技術につい

て保護者、地域社会の関係者と双方向性のコミュニケーションをとることによって、教育が地域に普及するとともに、最新の情報が入り、また教育に生かすことができるようになります。学校の教育課程が社会に開かれ、家庭・地域と連携・協働することで、このような仕組みが実現するでしょう。

　以上のように、AirCampus® を導入することによって、プログラミング教育は全国の小学校を拠点とし、教員主導で保護者、地域の関係者を巻き込んでいくでしょう。こうして、協調学習方式でサイバー上に関係者の英知を集め、活発な議論を行い、日々内容が更新されるオープンイノベーション（プラットフォーム）的な存在があると、日本の教育も大きな改革が可能になるかと思います。

　そして、社会に開かれた教育として小学校、中学校、高等学校という枠組みからリカレント教育、生涯教育の担い手として我が国の国民の為にも存在価値を上げていって欲しいと願っています。

〈AI時代サバイバル〉
第3章：必要となる学び：国際バカロレア（IB）教育

1. アオバジャパン・インターナショナルスクール

【独占インタビュー】アオバジャパン・インターナショナルスクール柴田巌理事

　国際バカロレアで躍進のアオバジャパン・インターナショナルスクールは、大前研一代表の株式会社ビジネス・ブレークスルー（以下、BBT）が運営しています。BBTは、1歳から大学院まで「世界で活躍できるグローバルリーダーの育成」をする唯一の上場企業です。今回、同社の代表取締役にも就任した柴田理事長の独占インタビューです。

◎注目が集まるアオバジャパン

　国際バカロレア教育で乳幼児から高等部まで一貫して推進するアオバジャパン・インターナショナルスクールは、大前研一代表の株式会社ビジネス・ブレークスルー（以下、BBT）が運営しています。
　上場企業として「世界で活躍できるグローバルリーダーの育成」として、0歳から大学院まで運営する唯一の企業です。

アオバジャパン・インターナショナルスクール
Aoba-Japan International School - Kindergarten to Grade 12 in Tokyo
http://www.japaninternationalschool.com
Founded in 1976, Aoba-Japan International School (A-JIS) is a secular school, welcoming and respecting families from all nationalities and religions.

柴田巌氏　経歴
　京都大学工学部・大学院で学び、英国の London School of Economics & Political Science (MSc) とアメリカの Northwestern 大学 Kellogg Graduate School of Management で MBA を取得。
　アンダーセン・コンサルティング（現アクセンチュア）、株式会社ビジネス・ブレークスルーの取締役、アオバジャパン・インターナショナルスクールの理事長を歴任。現在、株式会社ビジネス・ブレークスルーの代表取締役を務める。

◎柴田巌氏インタビュー

村田：本日は、ありがとうございます。

　BBT グループは、2013 年にアオバジャパン・インターナショナルスクールの運営を開始されてから、JCQ バイリンガル幼児園、サマーヒルインターナショナルスクール、アオバジャパン・バイリンガルプリスクールとスクール運営を拡大しています。

　今後、どのようにスクールを運営されるのか、を含めてお聞かせください。

柴田巌理事長（以下、柴田）：「グローバルに活躍できる人材を育成していく」ことが我々グループ全体のミッションですので、そのために必要な教育をどのように作っていくのかという軸で考えています。

　基本的には国際バカロレア教育で幼稚部から高等部（K to 12）で国際標準の教育を提供していきます。

村田：指導言語の英語・日本語比率でいくとアオババイリンガルプリ早稲田のように日本語と英語のバイリンガルスクー

アオバジャパンのスクールカラーはえんじ

ルとなるのでしょうか？

それとも英語で学ぶアオバジャパン・インターナショナルスクールのようになるのでしょうか？

柴田：バイリンガルスクールかインターナショナルスクール（以下、インター）かは、立地に合わせていければと考えています。

例えば、日本人の方が多いエリアであればバイリンガルスクールを、国際的な住民構成のエリアにはインターを、と考えていくと思います。

最終的に生徒が社会に出る二十数年後に豊かな人生を自分の選択で歩んでいけることが大切であると考えており、そのために「身につけておくべきことは何なのか」という観点でカリキュラムやキャンパスは設計していきます。

◎【見学！】アオバジャパン・バイリンガルプリスクール 早稲田キャンパス　http://istimes.net/articles/835

国際バカロレアの幼小中高の一貫校のアオバジャパン・インターナショナルスクールを運営する株式会社BBTが2016年9月に東京都新宿区高田馬場、早稲田大学の近くに開校したのがアオバジャパン・バイリンガルプリスクール 早稲田キャンパスです。

村田：この数年で、サマーヒル、アオババイリンガルなどBBTグループが運営するスクールが増えました。

今後も積極的にスクールを増やしていくのでしょうか？

柴田：今後も、スクールの拠点は増えていくと考えています。

アオバジャパンのメインキャンパスが、練馬区の光が丘にあり、幼児が都心から通うのには少し距離があります。

都心にお住まいの方からお問合せいただくことも多いため、そういったエリアの方々にも通いやすく学びやすい環境を提供できるようスクールの拠点を増やしていきたいと思っています。

◎【見学！】アオバジャパン・バイリンガルプリスクール 晴海キャンパス http://istimes.net/articles/854

国際バカロレアを日本語と英語で実施するPYPの候補校幼稚園で未来が見える？ 中央区晴海にあるアオバジャパン・バイリンガルプリスクール 晴海キャンパスは、アオバジャパン・インターナショナルスクールを運営する株式会社BBTが運営しています。国際バカロレア教育でグローバルに活躍できる人材を育てる同社のバイリンガル幼稚園を見学させてもらいました。

◎国際バカロレアというフレームワーク

村田：アオバジャパンをはじめ、サマーヒル、アオバジャパンプリも国際バカロレア認定校や候補校になっています。

なぜ、ここまで国際バカロレアにこだわるのでしょうか？

柴田：私たちは、国際バカロレアのフレームワークを利用するという考え方で進めています。

言い換えると、盲目的に国際バカロレアを導入するのではなく、どのような方

国際バカロレアのPYP候補校のアオバジャパン・バイリンガルプリスクール早稲田キャンパスの園児たち

法でどのような人材を育成するのか等の方向性について、教育に携わる人たちが共通言語、共通認識を持つという意味で国際バカロレアを用いているということです。

つまり、国際バカロレアを導入することにより、物理的に異なるキャンパスにいる教員や職員たちも「国際バカロレア」という共通言語でやりとりしながら教育活動を行うことが可能になるということです。

これが、私たちにとって国際バカロレアの非常に大きな価値です。

実際に我々が提供している教育では、国際バカロレアを基本としながらも、目的や状況に応じてより良い形へと肉付けし、設計しています。

柴田：地域によっても生徒構成、保護者の考え方や期待、もちろん施設などのハード面も違います。また、バイリンガルプリスクールとインターナショナルスクールでは、卒業後の進路も違います。

そのようなことも踏まえ、IBをフレームワークとして活用しながら、その地域で求められるスクールを私たちは運営していきます。

◎これまでの教育と新たな教育の姿

村田：国際バカロレアは、2014年前後から日本でも急速に広がってき

ました。日本の教育が変化しようとしているのでしょうか?

柴田:この数十年で世界や社会は大きく変わっており、教育自体も進歩していく必要があると考えています。

スプリングフェスティバルで来場者に発表内容を説明する生徒

柴田:2020年に学習指導要領が大きく変わり、今後、大学入試も変わります。

　スーパーグローバル大学が創設されるなど、日本の大学自体をグローバル化させていくという政府の方針が示されています。

　従来の、いかに知識を脳の中にデータベースとして蓄積していくかを競うテストから、獲得した知識をいかに活用してアウトプットしていくのかが重視されるようになります。

　すなわちインプットの競争からアウトプットの競争に変わろうとしているのです。

　大学入試がアウトプットを重視するようになると高校をはじめ、下の学年の教育課程で習得すべきことが変わってきます。

　幼少期にどういう教育を受けて、どう

来日したオーストラリアの生徒と交流する生徒たち

～インプットからアウトプットの競争へ～

いうスキルを身につけたか、ということが問われる時代になるでしょう。

柴田：英語力は、小学校では3年生から英語が必修科目になり、大学入試でも、良いか悪いかは別として、TOEFLやTOEIC、英検など民間試験を導入して英語コミュニケーション能力を評価する動きになっています。

　以上をはじめとする世の中の流れ自体も教育のグローバル化というトレンドになりつつあります。こういったトレンドは、私たちが目指している方向とも合致していると言えます。

◎オンラインとアオバの学び

村田：先日、あるキンダーガーテン運営者と話しました。
　彼女は「日本の教育は変わるスピードが遅く、少子化が進むので、これ以上、日本にスクールを作らない」といって海外にスクールを作り始めました。また、カリキュラムをオンライン化しようとしています。
　BBTは、ビジネス・ブレークスルー大学、大学院も含めてオンラインに取り組んでいます。ICT教育の取り組みを教えてください。

柴田：アオバではすでにテクノロジーを取り入れた取り組みをはじめています。具体的にはICTとフェイス・トゥ・フェイスの両方の手法をバランスよく取り入れたブレンド型の授

教育討論会で友人の発表を携帯で撮影する生徒

業を導入しています。
　その理由として、今の生活そのものが、生活とITがブレンドされているということがあります。私たち大人は、仕事やプライベートでテクノロジーを使ってブレンド型の生活を送っています。

国際バカロレアPYPの成果を発表する初等部の生徒

　メールや検索でグーグルを使い、ワードで資料を作り、スカイプで世界の各地と繋がる。LINEやチャットも使っています。
　今の子どもたちが大人になった時にはよりブレンドされているでしょう。

柴田：そういった環境の中で、紙と鉛筆を用いたフェイス・トゥ・フェイスの手法だけで教育を行うことはもはや不自然と言っても過言ではありません。
　そういった視点からも、教育の成果が一番得られる方向は何なのかという観点で考えながらブレンド型の授業を開発しています。

◎ AIの発展と教育

村田：オンラインやテクノロジーが入ることが万能ではない、ということですね。

柴田：私たちは、ふたつの視点で考えています。
　ひとつは、テクノロジーを使ったほうがより教育効果があり、探究が深まるものは何なのか。

~ インプットからアウトプットの競争へ ~

もうひとつは、生徒と先生がフェイス・トゥ・フェイスで行うことでより付加価値が付くものは何なのか。

このふたつです。

柴田：テクノロジーの導入により先生が必要なくなる、または AI が全て置き換えるという考えではありません。

先生、生徒、学校が ICT をより有効に活用しながら、人間同士がフェイス・トゥ・フェイスでコミュニケーションしながら、生徒に与えられる付加価値をどのようにしたら最大化できるのかという観点からテクノロジーの活用を考えています。

◎ビジネス・ブレークスルーとアオバジャパン

柴田：親会社である株式会社ビジネス・ブレークスルーは社会人の方を対象にした教育を実施しています。

社会人向けのものは、働きながらビジネスパーソンとして英語のスキルを磨く、交渉力を学ぶ、リーダーシップを習得するなど、働きながら一生涯学び続けられるというコンセプトの元に教育を提供しています。

いつでもどこでも学び続けることができるという点が重要になるので、その大部分を e ラーニングで提供しています。

柴田：しかし、社会人教育と違って幼小中高の教育は社会に出る前の人格形成に関わる全人教育です。

スキルや知識、その活用能力を身につけるだけではありません。豊かな心を育むことも大切です。

国際バカロレアのPYPエキシビジョンで動物愛護について発表する初等部の生徒

授業だけではなく、課外授業にも参加したり、友達を作ったり、仲間と一緒にキャンプに行ったり、協力して運動会を開催したり、人前でダンスなどパフォーマンスをしたりといったキャンパスライフを通して、人間として成長していきます。

そういう意味でも物理的なキャンパスやフェイス・トゥ・フェイスのアクティビティは必要だと考えています。

これがブレンド型のICTに取り組む理由です。

◎保護者が付加価値を感じること

村田：昨年の夏まで立川で小さな幼児園を運営していました。放課後にモップもかけるところから現場に入りました。

先ほど柴田さんがおっしゃった全人教育として、先生や友達との交流から人格が育つこと。また実体験から学ぶこと。保護者はそこに付加価値を見いだしていると感じます。

また、取材を通して感じるのが、この数年で、体験型の課外授業がぎゅっと詰まったプログラムが人気です。

以前はそろばんや学習塾などを選んでいたような保護者が、最近では歌舞伎役者になったり宇宙飛行士を体験したり、家を作ったり、忍術を学んだり、田植えに行ったり、いろいろな体験を通して知的好奇心を伸ばすようなプログラムを選ぶようになってきていると聞いてい

～インプットからアウトプットの競争へ～

ます。

　保護者が「体験」にすごく価値を見出すようになったと実感しています。

柴田：歌舞伎役者や宇宙飛行士などを体験するようなプログラムは、フェイス・トゥ・フェイス、つまりリアルの体験だからこそ価値があるものだと思います。

　また、実社会との繋がりが重要という意味でも非常に意味がある。

　教育というのは、先生が同じ教科書を使って、四角の壁で囲まれた教室で教えるものではなく、いろんな体験から得るものが大きいと考えています。

　先生から教わるだけではなく、特に仲間や同級生から学ぶことがとても重要です。

　1歳〜18歳まで一貫した教育をバイリンガル環境で提供しながら、そのような有意義なフェイス・トゥ・フェイスの体験を盛り込んでいくということをアオバグループは意識しています。

小中高がある東京都練馬区の光が丘キャンパス

（前半：インターナショナルスクールタイムズ 2017/6/28 http://istimes.net/articles/972）

◎教育の重要性

村田：御校は、サマーヒル、アオババイリンガルプリと幼児教育分野の拠点を増やしています。世間では保育園と幼稚園の壁が幼児教育の壁と指摘する声もあるようですが。

柴田：現在の幼児教育では「保育」と「幼児教育」が別々に考えられているのが実態だと思います。

本来は1歳から5歳までの一貫した幼児教育が理想ですが、日本の現状は必ずしもそうなってはいません。

今は教育そのものというよりは待機児童問題、保育の受け入れ人数の方に注目が集まっていると言えるでしょう。

柴田：しかし、本当は1歳から6歳前後のこの5年間にどういう教育をしてあげるのか。

そういった視点で、本当にこの時期に必要な教育を考えてあげることで、その後の成長に大きな差が出ると考えています。

幼児教育とは、人格が形成される前の最も大切な時期の教育だと思います。

ほぼ真っ白な子どもたちに適切なフレームワーク、思考や体験をさせてあげることができるという意味からも、しっかりとしたカリキュラム、子どもの自主性を引き出すサポート、バイリンガル環境など、

適切で質の高い教育を一貫して提供してあげることが大切だと考えています。

◎何歳から複数の言語で探究的に学べるか？

柴田：3歳ぐらいから探究型の教育が実施できますが、その時に複数の言語で探究できるようになるためには1歳ぐらいから第二言語に慣れ親しんでいる必要があります。

3歳になる頃には日本語でも英語でも探究できる下地が作られた状態になっていて初めて両言語での探究型学習が可能となるのです。

柴田：今後、日本の幼稚園も英語の授業にさらに取り組んでいくと考えています。

しかし、全生徒に本当に一定の水準のコミュニケーションができるレベルの第二言語の習得を、教育機関として教育の結果を保証できるようなカリキュラムにしていけるか。

普段の授業に英語のカリキュラムをしっかりと組み込み、生徒の習熟度別に実施し、読む、書く、話す、聞くの英語四技能の教育を保証するとなると幼稚園にとって高いチャレンジだと思います。

◎カリキュラムの自由

村田：学習指導要領が改定されますが、インターナショナルスクール

はカリキュラムもそれぞれ違います。それは、教育の質保証と関係があるのでしょうか？

柴田：実は、日本の学校にとって、カリキュラム自体は日本の文科省が定めた学習指導要領しかありません。

そして、定められた設置基準を物理的に満たした施設で、文科省が与える教員資格を持った先生が、文科省が認定した検定教科書を使って教えるということをもって質を保証しているのです。

実質的には個人や学校には、カリキュラムの選択肢は無いということになります。

柴田：生徒の立場では、Aという学校に行くか、Bという学校に行くか。

先生の立場では、Aという教科書を使うか、Bという教科書を使うかという選択肢はありますが、これらは全て同じカリキュラムの中での選択です。

しかし、世界にはオランダやフィンランドのように学校が自由にカリキュラムを選べる国もあります。学校の中でもIBというカリキュラムを取り入れたり、他のカリキュラムを

~ インプットからアウトプットの競争へ ~

取り入れたりということも実際に起こっています。

日本の学校でも、保護者または生徒個人の教育方針によってカリキュラムを選択できても良いと思います。

"We do not need magic to change the world, we carry all the power we need inside ourselves already: we have the power to imagine better."
- J.K. Rowling

柴田：そういった意味でインターナショナルスクールのような学校の存在意義があると思っています。

私たちには、フリーにカリキュラムを設計できる自由度があります。

私たちは子どもたちにとって良いと思うカリキュラムを自分たちで判断して導入し、自分たちのリスクでそれを使って教育を行い、自分たちの責任で教育の質を評価して改善しています。

それをする義務があり、それをする自由があるというのが、私たちアオバの立ち位置です。

◎マインドセットが必要なのは親

柴田：日本では、「どの大学に進学するのか」ということを教育のゴールに設定しがちだと思います。

そのようなマインドセットが残り続ける限り、また日本の大学や大学院の受験の仕方や選考プロセスが変わらない限り、その下の小中高はあまり変わらないと考えています。

私たちは「大学に進学すること」だけが教育のエンドゴールではないと考えています。

高校生ぐらいから起業して社長になっても、在学中芸能活動をして

も、プロスポーツを目指してもいい。もちろん、芸術家になってもいい。
　生徒が選ぶ選択肢を増やしていきたいと考えています。
　例えば、世界で活躍している日本人は、従来の教育の外側で学んできた人が多いと思います。
　スキーのジャンプの高梨沙羅さんなどが代表的です。

　　（編集部：追記　インター卒業生の例としてアオバジャパンに通学した宇多田ヒカル、西町インターナショナルスクールからアメリカンスクール・イン・ジャパンを卒業したMITメディアラボ所長の伊藤穰一、アメリカンスクール・イン・ジャパンからICUで学んだソニーの平井CEOなどが代表的です。）

柴田：したがって、従来の教育の外にも選択肢があることを保護者はじめ多くの人が考えるようになってくると、教育のあり方や求められるものは随分変わるとは思います。
　アオバをはじめとする私たちが運営する学校のキャンパスで学び生活する子どもたちには日本の大学にトライしてもいいし、世界の大学にトライしてもいい、人生の中で自分が一生やりたいことが見つかるのであれば、大学に行かなくてもいい、というフレームワークの中での選択肢を与えることのできる教育を提供していきたいと思っています。

◎グローバル化する日本の町内

村田：インターナショナルスクールに通わせている家庭も、従来の外資系企業の駐在員よりも多様になってきました。社会の変化と学校教育の変化はどのようにリンクしていくのでしょうか？

柴田：日本の国内にいてもいろんな国の人が住み働くようになってい

ます。

　すでに飲食店やコンビニエンスストアに行っても日本人だけで運営されているお店のほうが少なくなっているのではないでしょうか。

　今後、日本国内においてもグローバル化、ディジャパナイゼーションが進んでいくことは間違いないと思います。

柴田：社会も必然的にそれに伴って変わっていくでしょう。

　また、学校教育も変わる必要が出てきます。

　実際に、アオバの近くにある公立高校では、生徒の3割前後が外国籍の生徒だということです。

　私たちは、インターナショナルスクールとして、社会の変化は当然取り込んでいく必要がありますし、それはインターナショナルスクールだけでなく日本の学校も同じだと思います。

　訪日客が増え、2020年の東京オリンピックに向けて、浅草の商店街などでも英語が普通に飛び交うようになってきています。やはり変わっていかないといけないと考えています。

◎教育の変化と社会の変化のスピード

柴田：学校や教育はビジネスと違い、ある日突然、全部を一気に変えるというわけにはいきません。

　例えば、強烈なリーダーシップを持ち決断力がある校長が来て、「明日からカリキュラムを全部変えて、100％英語で教える学校にします」

と言ったとしても実現する可能性は極めて低い。

教育は、変わろうとしても何年もかけてひとつひとつ変えていくことしかできないし、教育というものは、本来そうあるべきものだと考えています。

柴田：しかし、それでも社会が変化していくスピードの速さと学校が自ら教育を変えていくスピードの速さが大きくなる学校は、厳しい時代を迎えると思います。

私たちは、子どもたちが大人になる20数年後の社会を見据え、その中で必要とされる能力、グローバル社会で生き抜く力を身に付けてもらえるような教育を追求し続けます。

そのような中で、多様な選択肢の中から自分にとって必要な道を選び、自らの手で幸せな人生を作っていける、そういった卒業生を輩出していきたいと思っています。

（後半：インターナショナルスクールタイムズ 2017/8/9 https://istimes.net/articles/1003）

~ インプットからアウトプットの競争へ ~

2．日本の国際バカロレア（IB）への取組み

Column ◇「国際バカロレアに関する国内推進推進体制の整備」事業受託に関するお知らせ

　株式会社ビジネス・ブレークスルー（所在地：東京都千代田区、代表取締役：柴田巌、以下 BBT）の子会社である株式会社アオバインターナショナルエデュケイショナルシステムズ（所在地：東京都練馬区、代表取締役：柴田巌、以下、AJIS）は、この度、「平成 30 年度 国際バカロレアに関する国内推進体制の整備」事業を文部科学省より受託しましたのでお知らせいたします。

　政府は「日本再興戦略 -JAPAN is BACK-」（平成 25 年 6 月 14 日閣議決定）において、IB 認定校等の大幅な増加を目指す等の目標を設定し、IB の普及・拡大のための取組を推進してきました。文部科学省においても、グローバル化に対応した人材を育成するための国際的な教育プログラムである国際バカロレア（以下、IB）の普及・拡大のための取組みを推進し、今後の推進方策として、「平成 30 年度　国際バカロレアに関する国内推進体制の整備」事業を立上げ、IB 認定校・大学・企業等で構成する「文部科学省 IB 教育推進コンソーシアム」を創設しました。

　AJIS は、日本の歴史あるインターナショナルスクールとして 40 年以上にわたり、国際的な教育を提供し続けています。世界標準のより優れた教育の提供に向けて IB（国際バカロレア）の導入に取り組み、2015 年に PYP（初等教育プログラム）と DP（ディプロマ資格プログラム）の、2016 年に MYP（中等教育プログラム）の認定校に承

認されました。初等部、中等部、高等部の全課程において IB 教育を提供できる IB 一貫校として、世界のどこでも周囲をリードし新しい価値を生み出すことのできる児童生徒の育成に努めています。また、グループ全体で取り組む「世界で活躍できるグローバルリーダーの育成」のために積極的に IB 教育の導入を推進し、現在、東京都内 5 拠点で IB 認定（PYP,MYP、DP）を受けたキャンパスを運営しており、他の 2 拠点も現在 PYP 候補校です。

AJIS は、この度、「平成 30 年度 国際バカロレアに関する国内推進体制の整備」事業を受託し、その受託団体として、「文部科学省 IB 教育推進コンソーシアム」を形成して文部科学省や IB 機構等の関係者間での情報共有を図るとともに、IB 導入を検討する学校等に対する支援や IB 教育の効果に関する調査研究を実施します。

「文部科学省 IB 教育推進コンソーシアム」等の運営にあたっては、AJIS における IB カリキュラム、授業、教材、教員研修プログラムや、BBT が運営するビジネス・ブレークスルー大学で実績のある、バイリンガルにオンラインとリアルを融合させた「ブレンディッドラーニングモデル」での運営を予定しており、社会的な認知拡大のため、IB に関する ICT プラットフォームの構築とともに、リアルのシンポジウム等も運営する予定です。

10 月 14 日（日）には、本コンソーシアム創設を記念し「第一回国際バカロレアに関する国内推進体制の整備事業シンポジウム 2018」（場所：文部科学省 3 階講堂）が開催される運びとなりました。このシンポジウムでは、IB 教育に関心のある教育機関、教育者、保護者、学生、自治体関係者等の幅広い方々をお招きし、「IB 教育の効果」や「日本の学校へ導入する際のポイント」等をお伝えし、情報発信と交流の場とする予定です

◇文部科学省「国際バカロレアに関する国内推進体制の整備」事業
1. 本事業の内容
　(1) 文部科学省 IB 教育推進コンソーシアム運営業務
　(2) 国際バカロレア教育の効果に関する調査研究業務
　(3) 国際バカロレア導入を検討する学校等への支援業務

(4) ICT プラットフォームの構築・運営業務
(5) シンポジウム等の開催業務

2. 事業の実施期間（予定）
最長 5 会計年度（2018 年度から 2022 年度まで）

Column ◇第 1 回国際バカロレアに関する国内推進体制の整備事業シンポジウム開催結果について

1. 日時・場所
　○ 10 月 14 日（日）13：00 〜 17：00
（情報交換会：同日　17：30 〜 18：30）
　○文部科学省 3 階講堂

2. 参加者数
　　一般参加登録 501 名・当日参加者：450 名
（情報交換会参加者：名 132 名）

3. 概要

（1）開会挨拶
　○　開会の辞として、文部科学省の奈良官房国際課長から、引き続き、文部科学省として国際バカロレア機構と連携し、国際バカロレア（IB）の普及・促進に取り組んでいく旨の挨拶を行った。
　○　主催者として IB 教育推進コンソーシアム事業の受託者であるアオバジャパン・インターナショナルスクールの柴田巌理事長からの挨拶があった。
　○　国際バカロレア機構から IB ワールドスクール部門のアシッシュ・トリヴェティ氏の挨拶があった。

○ IB機構の代表者であるシバ・クマリ事務局長からのビデオメッセージが上映され、日本語DPの成功やIB教育推進コンソーシアムへの期待が述べられた。

(2) 第一部：基調講演
○ IB日本大使・東京インターナショナルスクール理事長の坪谷ニュウエル郁子氏からIB200校への期待と展望についての講演があった。
○ キリロム工科大学学長の猪塚武氏から、民間企業関係者とともに、IB生の保護者視点から考えるグローバル人材とIBについての講演があった。
○ IBアジア太平洋地域日本担当開発マネージャ・玉川大学教育学研究科教授の星野あゆみ氏から、IB教員としての経験からIB教育を通じてどのような生徒が育つのかについて講演があった。

(3) 第二部：IB導入の事例紹介
○ 高知県立西高等学校の高野和幸副校長から、高知県においてIB導入に県教育委員会職員として従事した経験等についての講演があった。
○ 群馬県太田市の清水聖義市長から、自治体主導におけるグローバル人材育成の教育の取組についての講演があった。
○ 質疑応答があり、IB教育の導入のメリット等についてのやり取りが行われた。
○ アオバジャパン・インターナショナルスクールの宇野令一郎氏から、IB教育推進コンソーシアム事業としてウェブ上で構築を進めているエアキャンパス（AC：Air Campus）について紹介するとともに、ファシリテータを担う教員等が登壇して紹介された。

(4) 第三部：IB修了生・保護者・教師によるパネルディスカッション
○ 本年3月に東京学芸大学附属国際中等教育学校のIBコースを卒業した生徒並びにその保護者が登壇し、東京学芸大学附属中等

教育学校で進路指導に携わった杉本紀子教諭がモデレータとなり、DPを選択した理由やそのときの状況、また、IBを学んだ意義や大学進学の理由等について様々なコメントがあった。

(5) 会場は600席を用意したが、概ね席が埋まる等、盛況のうちに閉会した。なお、シンポジウムの模様の動画は、IB教育推進コンソーシアムのウェブサイトでも近日中に公開される予定。(https：//ibconsortium.mext.go.jp/)

(6) 情報交換会
○ 閉会後、文部科学省1階食堂において、PYP、MYP、DP、学校管理者、進路等テーマ別に分かれて情報交換会が行われた。

第1回国際バカロレアに関する国内推進体制の整備事業シンポジウム 2018 基調講演

◎国際バカロレア認定校 200 校への期待と展望
―― 国際バカロレア日本大使　坪谷ニュウエル郁子氏

　皆さまこんにちは。ただ今、ご紹介にあずかりました坪谷でございます。きょうはこれから20分間、『国際バカロレア認定校 200 校への期待と展望』このお題で話をさせていただきます。どうぞ最後までよろしくお願いいたします。ありがとうございます。きょうは、国際バカロレアについては知ってるよ、研究してるよという方がほとんどだと思います。従いまして、これから話すことっていうのは既知のことが多いかもしれません。

　まず最初は、バカロレアの四つのプログラムです（図1）。国際バカロレアには、ご存じのように四つのプログラムがあります。3歳から12歳までを対象にした、主に幼稚園と小学生のためのプログラム、PYP。そして次が11歳から16歳まで、主に一条校においては、中学校で使用されるMYP。そして、高校の間の最後の2年間、

図1　国際バカロレアのプログラム

(1) プライマリー・イヤーズ・プログラム（PYP）
PYP（Primary Years Programme）は3歳～12歳までを対象としており、精神と身体の両方を発達させることを重視しているプログラムである。どのような言語でも提供可能。

(2) ミドル・イヤーズ・プログラム（MYP）　MYP（Middle Years Programme）は11歳～16歳までを対象としており、青少年に、これまでの学習と社会のつながりを学ばせるプログラムである。どのような言語でも提供可能。

(3) ディプロマ・プログラム（DP）　DP（Diploma Programme）は16歳～19歳までを対象としており、所定のカリキュラムを2年間履修し、最終試験を経て所定の成績を収めると、国際的に認められる大学入学資格（国際バカロレア資格）が取得可能なプログラムである。「日本語DP」の対象科目等を除き、英語、フランス語又はスペイン語で実施。

(4) キャリア関連プログラム（CP）
CP（Career-related Program）は、16～19歳までを対象としたキャリア教育・職業教育に関連したプログラムであり、生涯のキャリア形成に必要なスキルの習得を重視する（2012年に新設）。一部の科目（"振り返り"のプロジェクト等）は、英語、フランス語又はスペイン語で実施。

～インプットからアウトプットの競争へ～

DP。大学入学準備コースですね。そして2012年に生まれましたプログラムが、IBCP。キャリア関連のプログラムです。これは必ずしも全ての生徒が4年制の大学に進むということはないではないか。キャリアを形成してる生徒たちもいる。そういった生徒たちのためのプログラムです。

　この中、PYPとMYP。小学生と中学生のためのプログラムというのはフレームでございますので、教え方であったり、学び方であったり、評価の仕方であったりですね。それがIBですね。従ってどこの国の学習指導要領、どの教科書を使っても教えることができる。どの言語でも当然教えることができるし、どの言語でも学ぶことができるんです。

　しかし、このDPは、最後に最終試験を受けなくてはいけない。その最終試験の言語というのが、この50年間の間、国際バカロレアの公式な言語である英語とフランス語とスペイン語。それがさまざまな科目、全ての科目で行われているということです。また、いろいろな国際バカロレアの情報も、この三つの言語で情報が出ているということです。

　だけどこの国際バカロレア、この教育を日本に広めていきたい。そうなった際には、何とか日本語で情報を送ることができないだろうか。そして、日本語で最後の最終試験を受けることができないであろうか。これを考えて国際バカロレアとの交渉が始まったのが、7、8

図2　DPのカリキュラム①

6のグループで構成：各グループから1科目ずつを選択し、計6科目を2年間で履修。
（ただし、グループ6は他のグループからの科目に代えることも可能。）
赤字は日本語DP対象科目。

グループ名	科目別
1. 言語と文学	言語A：文学、言語A：言語と文学、文学と演劇※
2. 言語習得	言語B（標準レベルおよび上級レベル）、初級語学、古典語学
3. 個人と社会	ビジネス、経済、地理、グローバル政治、歴史、心理学、環境システム社会※、情報テクノロジーとグローバル社会、哲学、社会・文化人類学、世界の宗教
4. 実験科学	生物、化学、物理、デザインテクノロジー、環境システムと社会※、コンピュータ科学、スポーツ・運動・健康科学
5. 数学とコンピューター科学	数学スタディーズ（標準レベル）、数学（標準レベル）、数学（上級レベル）、数学（最上級レベル）
6. 芸術	音楽、美術、演劇、ダンス、フィルム、文学と演劇※

参考：http://www.ibo.org/diploma/

年前でございます。その結果、最終試験は今、ここに書いてあります六つの科目のうち、グレーの文字で書いてあるところですね（図2）。この5番の数学は来年から変わりまして、二つだけになるんですけれども。この赤字で書いてあるところが、日本語でも同じように最終試験が受けられるよというふうになったんですね。

それと同時に大切な三つのコア（図3）。一つ目が課題論文、EEですね。そして次が知識の理論、TOK。きょうはこのご研究なさってらっしゃる岡山大学、田原先生もいらっしゃっております。そしてCAS。創造性、行動、奉仕。このコアも当然ながら日本

語で学び、やっていくことができる。このようになったわけです。それにより、私たちの国、日本人の生徒たちがこの教育を受けられるというハードルが下がったわけです。

それを受けまして、平成25年の5月。その当時、国際バカロレアの認定校は16校でした。これを何とか200校まで増やそうじゃないかということが閣議決定されました（図4）。産業界もこの閣議決定に応援してくれたわけです。経団連が国際バカロレアで育ってきた生徒、こういう生徒の特異性というのは実は産業界も欲しい人材なんだよねということを言って、提言をしてくれたんです（図5）。そ

図5 産業界からの提言

「語学力のみでなく、コミュニケーション能力や異文化を受容する力、論理的思考力、課題発見力などが身に着くIBディプロマ課程は、グローバル人材を育成する上で有効な手段の一つである。」

「ディプロマ取得者に対する社会における適切な評価も重要であり、大学入試における活用や、企業も採用時や人材活用において適切に評価することなどが重要。」

平成25年6月　日本経済団体連合会
―グローバル人材の育成に向けたフォローアップ提言―
「世界を舞台に活躍できる人づくりのために」

図6 国際バカロレア日本アドバイザリー委員会

- (1) IBDPのカリキュラムと学習指導要領との対応関係（36単位）
- (2) 外国人指導者に対する教員免許状の円滑な授与
- (3) 国内におけるIB教員養成等の充実
- (4) 大学入試における活用

れを受けまして、私たちもすぐにやらなくてはいけない、すぐに変えなくてはいけない制度についての委員会を開きました。主に話し合ったことというのはここにある4点です（図6）。

バカロレアのDP、ディプロマのプログラムをやりながら、日本の学習指導要領に従った高校の学習もやっていく。これは、生徒にとっては二つの学校に行くようなものですから、大変ハードである。それであれば、バカロレアをやったことで、日本の学校の単位を認めようよということに対する動きが1番目ですね。

もう一つは、特にグループ2。外国の習得に関しましては、外国人の先生も指導者として教えてもらいたいよねという声。これに関しまして、外国人の教師に対する免許、特免。これを取れやすくしようねというのが2点目。

3点目は、中長期的にバカロレアのような授業を教えられるような教員っていうのを育成していこうではないか。これは、大学にお頼み申し上げまして、大学や大学院の中で教員育成コースを開いていただくということになりました。

そして4番目が、大学の皆さんに、国際バカロレアを修了した生徒はこれだけの生徒がいるんですよ？ ぜひ積極的に大学に国際バカロレアの修了生を受け入れてくださいということをお願いしたん

図7
IBを活用した大学入試について

全学部実施（28大学）		一部学部実施（26大学）	
会津大学	玉川大学	愛知医科大学	東京大学
浦和大学	千歳科学技術大学	青山学院大学	東京外国語大学
岡山大学	筑波大学	大阪市立大学	東京藝術大学
お茶の水女子大学	東京医科歯科大学	大阪大学	長崎大学
鹿児島大学	東京国際大学	学習院大学	広島大学
金沢大学	東北福祉大学	京都大学	北海道大学
関西学院大学	東洋大学	近畿大学	法政大学
京都外国語大学	豊橋技術科学大学	慶應義塾大学	武蔵野大学
京都工芸繊維大学	名古屋大学	首都大学東京	明海大学
倉敷芸術科学大学	日本工業大学	順天堂大学	明治学院大学
工学院大学	日本獣医生命科学大学	中央大学	立教大学
神戸女学院大学	松本歯科大学	中京大学	立命館大学
国際教養大学	武蔵野学院大学	都留文科大学	横浜市立大学
国際基督教大学	立命館アジア太平洋大学		

〔注〕
・日本の学校の卒業生を対象としているものを記載（帰国生や留学生に対象を限定しているものを除く）
・下線はIB資格取得者・取得予定者のみを対象とした入試を実施している大学
・各大学へのアンケートに基づき文部科学省にて作成したもので、必ずしも全ての情報を網羅しているわけではありません。（平成29年10月時点）

計54大学

ですね。おかげさまで、これは去年の10月の時点、つまり今年の4月に入学した生徒なんですけれども。合計しまして54の大学が、国際バカロレアを利用した大学入試についてということで、開いてくださいました（図7）。中でもこの棒線が書いてあるところですね。棒線が書いてあるところは、国際バカロレアの資格取得者のみを対象とした入試を実施してる大学です。

　ただ、きょう大学からの関係者の皆さんには、私、一つ謝らなければいけないことがあります。こうやってもう開いてくださったんですけれども、まだ、国際バカロレアの卒業生。これ、5年前にプロジェクトが始まったんですけども。この卒業生の数がまだまだ少ないというのが現状なんですね。これは申請するまでにやはり1年。場合によっては2年ぐらい準備がかかる学校がある。そして、申請をする。そこから認定を受ける。特にDP、大学入学準備コースの場合は認定を受けなければ、生徒を募集して授業を始めることができませんので、そこから生徒が入ってきて、3年後に卒業すると。大変長い道のりなんです。従って今の時点で、坪谷さん、せっかく門開けたのに全然生徒の応募がないんだよ。今しばらくお待ちください。年々増えていきます。

　200校っていうふうに言ってたけども、さっき2018年とも言ってだけども、どうなってるの？　と。全然数増えないんじゃないのと、そういうご批判の声もいただくことがございます。そこで、これは6月の時点なんですけれども、今、どういう状況なのかということをここでご報告したいと思います。

　この数はプログラムに対しての数です。例えば、私が設立しまして理事長をやっております東京インターナショナルスクールは、PYPとMYPの二つのプログラムをしております。ですから、二つっていうふうに数えられるんですが、今、その時点で16校だった認定校が、合計が83校になりました。PYPの認定校が28。MYPの認定校が17。DPの認定校が38。合計83ですね。次にここを見ていただきたいんです（図8）。

申請してその後、何カ月か候補校になれるんですね。候補校になって、その後いろんなコンサルタントが来たりとか、いろんなこととの過程があって、最終的には認定校になるんですけど。その候補校、日本の学校は非常に準備にも時間をかけますし、私たちっていうのは完璧主義者ですので、匠の国ですので。候補校になったらほぼ、認定校になれるよっていうところが今まで見てると多いんですけれども。その候補校の数が、PYPが今年の6月の時点で24校。MYPが11校。DPが16校。合計51校です。従って、認定校と候補校を合わせた数、これが今年の6月の時点では134校になりました。従いまして、200

> **図8**
>
> 国際バカロレアの認定を受けている学校は、平成30年8月現在、世界150以上の国・地域において約5,000校
>
> - IBプログラム認定校等
> - 認定校　83校，候補校51校、
> - 計134校　（平成30年6月時点）
>   PYP　　認定校28校　候補校等24校
>   MYP　　認定校17校　候補校等11校
>   DP　　　認定校38校　候補校等16校
>
> 1校で複数のプログラムを実施している学校があるため、プログラム毎の校数の合計は全体の校数と一致しない

> **図9**
>
> ## 国際バカロレアを中心としたグローバル人材育成を考える有識者会議（平成29年）
>
> - <基本的な考え方>
> 1、IBの「全人教育」を通じた主体的学びを重視し、幼稚園、小学校、中学校、高校を通じた国際バカロレアプログラム(PYP,MYP, DP)を推進し、今後の初等中等教育の好事例の 形成を目指す。
> 2、日本語DPの推進を推進し、国際バカロレアとの相互発展を 通じた日本型教育の海外展開を目指す。
> 3、グローバル人材育成施策等との連携を強化し、変化する社会に対応したグローバル人材育成を実現する。
> 4、国内のIB教員養成等を通じた、持続可能な推進体制を構築 する。

校という数字に関しまして、ほぼ3分の2まで来たのかなというのが今の現状でございます。

　この数字がだんだん見えてきたものですので、昨年、有識者会議を開きました（図9）。この有識者会議の中で、皆さんにぜひ気付いていただきたいことが1点あります。それは、基本的な考え方。ここが、このように定められたことです。読ませていただきます。IBの全人教育を通じた主体的な学びを重視し、幼稚園、小学校、中学校、高校を通じた国際バカロレアプログラムを推進し、今後の初等中等教育の好事例の形成を目指すとあります。もう皆さん方、既にご存じなように、2020年には小学校、21年には中学、22年には高校の学習指導要領が変わります。アクティブラーニング。主体性を持った授業、探求型学習。こういった新しい手法が入ってきます。

　またその先、Society 5・0の時代を迎えるに当たって、私たちはどのように教育を変えていくべきなのか。これも現在話し合われているところです。私、実を言いますと、教育再生実行会議の技術革新に伴う学校改革というところのワーキンググループ委員をやらさせていただいており、実は明日発表なんですけれども。その中でこういった時代を迎えるに当たって、学校教育はどうあるべきか。私たちは今、まさに教育改革の真ん中にいる。というところなんです。その私たちが目指す方向性の教育、それが国際バカロレアの教育と一致している。国際バカロレアの教育は、私たちが目指そうとしている教育のロールモデルの一つとして見ることができる。これがこの基本的な考え方の言っていることなんです。従って、各都市に一つずつPYP、MYP、DPの学校がある。その学校を中心に、その地域に住んでらっしゃる先生がたが研究にいらっしゃる。勉強にいらっしゃる。そこで学び取ったことを現場に持ち帰る。そして実践なさる。こういったことがこれからどんどん進んでいくのではないかと。それを思うと私は、胸がわくわくいたします。

　また同時に、5年たって、今後どうしようかということの話し合いも

行われました(図10)。その中の目玉が、このコンソーシアムです。先ほど申し上げましたように、国際バカロレアの情報というのは英

図10

<主な今後の推進方策>

・情報共有体制の構築(コンソーシアム、ICTプラットフォーム等)
・IB教育の効果に関する研究・大学教育及び大学入学者選抜におけるIBの活用促進
・国内におけるIB教員養成体制の充実
・スーパーグローバルハイスクール等との連携・IBに関する普及啓発活動の継続(企業を含む)

語とフランス語とスペイン語です。なかなか英語やフランス語やスペイン語を読むというのは難しいところがあります。しかも、日本の学習指導要領の中で教えていかなくてはいけないという縛りもあります。大学の情報も保護者にとっては、どの大学がどういう条件で設定しているのだろうか。さまざまな情報、これを一つにまとめて日本語で皆さんに提供する。なおかつそのコンソーシアムの中で、現場の先生がたもさまざまなディスカッションができる。先行しておられる先生がたから教えてもらうこともできる。そんなコミュニティー、そんなコンソーシアムを作っていこうではないかと、そういう話し合いが行われました。

　そしてきょう、皆さまにお集まりいただいたのは、まさにきょうがその日なんです。きょうからこのコンソーシアム、そしてその下にエアーキャンパスという誰でもが登録できる。これらがきょうから始まるんです。他にも、IBを導入してる学校、もしくはこれから導入を考える学校、もしくは地方自治体、教育委員会などの皆さんに対してどんなことを応援していこうかといったことも話し合われました(図11)。この中で一つ、今年の3月までワークショップを無料で提供するという試みをいたしました。しかし、今年度はそれがありません。何とか再度、

～ インプットからアウトプットの競争へ ～

割引だけでもいいからこのワークショップを無料もしくは、割引で開催することができたらいいなというのも、話し合っていきたいと思っております。

あとは大学におけるIBの活用（図12）。大学の皆さん、門を開けてくださいました。これからどんどん生徒が出てきます。大学の皆さんとともに協力してやっていく。そして、IBの教員の確保。IBを教えられる教師がいないんだよね。そんな声も聞きます。自分たちの教師がIB教えられるだろうか。教えられます。日本人の教師は非常に優秀ですから。でも、トレーニングを受けなくちゃいけないよね。そういったことなど、さまざまなご支援をやっていくとい

図11
IB導入校に対する支援等

(1)課題や事例等の情報共有体制の構築
IB推進に向けた関係者の包括的体制(コンソーシアム等)の形成
情報共有に向けたICTプラットフォームの構築
(2)IB教育の効果の研究
(3)柔軟なIBカリキュラムの履修の支援
日本語DPにする履修科目制限の緩和等
(4)IBの導入及び実施に係る負担への適切な支援
(5)地方を含むIBに関するワークショップ等の充実

図12
2.国内大学におけるIBの活用
大学教育におけるIBの活用
大学での活用方策の探究とDP資格の大学単位認定に向けた検討材料の収集
大学入学者選抜における活用

3.IB教員の確保に向けた取組
国内におけるIB教員養成体制の充実
外国人教員の適切な処遇と確保

4.グローバル人材育成施策等との連携
スーパーグローバルハイスクール(SGH)　スーパーグローバル大学(SGU)
スーパーサイエンスハイスクール(SSH)

5.IBに関する適切な情報提供・発信
IBに関する普及啓発活動の継続
企業によるIB教育に関する理解醸成と評価

うことがそこで決まりました。

そしてこれがコンソーシアムです（図13）。これを見ていただくと分かるように、ここに学校関係者、大学関係者、学生保護者、企業とあります。従ってこれは、何も国際バカロレアの認定校に向けてだけのコンソーシアムじゃな

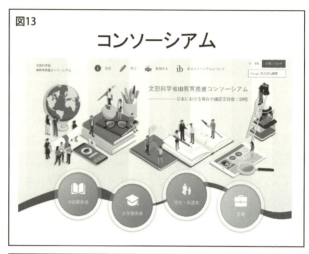

図13

図14

いんですね。お母さんがた、学生のみんなも、大学の関係者、研究者の皆さんも、国際バカロレアに関してはここをプラットフォームとして、さまざまな皆さんが知りたい情報、さまざまな皆さんがかかえている課題、どのようにその課題を解決してったらいいのか。それをディスカッションする場でもあるんです。

札幌開成。これは公立の学校で、先駆けて国際バカロレアの認定校になった学校です（図14）。私は5、6年前から足しげく顔は出させていただいてます。MYP、そしてDP。中高一貫校ですね。この札幌開成で私、この春うかがったときに思わず涙をこぼしてしまいました。今年の4月に卒業した生徒なんですが、去年、その子たちが高校3年生のときに先生がたに「先生、僕たち、お父さん、お母さんを学校に呼びたいんだ。お父さんお母さんの前で自分がどんな学問をしたいのか、自分が将来どう生きていきたいのかをプレゼンテーションしたいんだ」生徒たち自らが言ってきたわけです。ある生徒、この生徒は学力が非常に高く、偏差値で言うと大変レベル高い国立大学もOKと言われる生徒でした。その生徒が親の前でやったプレゼンはこういう内容でした。「中東の石油はいつか枯渇する。その後には農業だ。僕は砂漠地における農業開発。これで貢献したいんだ」彼はこの4月から、鳥取大学の農学部に通っております。

　もう一人の生徒は　ゲーマーの生徒でした。この生徒も親にこう言ったそうです。「僕は目が不自由な人、その人たちがどうしたらゲームが楽しめるのか。それをずっと考えてたんだ。だから僕は台湾に行って、目の不自由な人のためのゲームの開発をするんだ」。そしてその子は台湾に旅立っていきました。国際バカロレアが作る生徒というのは、そういう生徒なんです。PYP、MYPをやってくる、MYPのパーソナルプロジェクトをやる。その時点で自分が何が好きか、何が得意か。それが自分で分かるんです。それを通じて社会に貢献したい。偏差値が幾つだからどこどこ大学の何学部でもいいよね。そうではない、自ら自分の人生を決めていく生徒。こういう生徒が育っていくんです。

　もう一つ、これ私の実は娘なんですけれども。IBキッズと言われまして、PYP、MYP、DP、全てのIBのプログラムを終えた娘です。この娘の親友。この子も大変学力のある子でした。おばあちゃんに育てられた子でした。夏休みの間おばあちゃんの所に戻りました。この子はとてもきれいなおしゃれな子で、今の高校生ですからお化粧もしても

いいし、髪の毛もくるくる巻いてもいいんですね。私の時代は大変。そんなことしたら怒られてましたけど、今はもうそういうことがいい。で、おばあちゃんにお化粧してあげて髪の毛もセットしてあげた。そしたらおばあちゃんがすごく喜んだ。で、お友達をたくさん呼んだそうです。そのお友達のおばあさんがたにみんなにメーキャップしてあげたら、みんなが少女のように華やいだ。その子はこう思ったんです。これだ。私はこれでおばあさんたちを、高齢者たちを喜ばせたい。今、彼女はメーキャップアーティストをしてます。高齢者専門です。

　Educate、教育するという言葉の語源、これには幾つかの説があります（図15）。その中で私が一番好きな説というのがラテン語の引き出すという意味です。100人いれば100通りに良さがある。100人いれば100通りの輝くものを持ってるんです。それを見つけて、引き出して花を咲かせる。それが教育なんではないでしょうか。そしてその引き出されたものというのを、私たちが所属するさまざまなサイズの社会。一番小さい社会は家族。生まれ育った町、わが国日本。そして世界、そして宇宙。それらの社会がより良く、より平和に、より持続できるように、そのために貢献していく。こう思える人材を育てていくことが教育なんではないでしょうか。

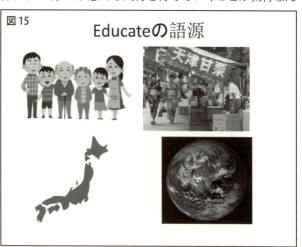

図15　Educateの語源

　私は1985年にお寺の境内に小さい寺子屋を建てました。それから33年間、たくさんの子どもと出会って

います。言えることは一つ。子どもたちは私たちの未来だということです（図16）。そして、教育と環境で子どもたちは変わるということです。つまり、教育と環境は子どもたちを変える力があるということなんです。この国際バカロレアは、私たちの将来の教育のロールモデルの一つとなって、日本で学習をする子どもたちが、この国に生まれてよかった。この国で教育を受けてよかった。自分はこんなことに貢献できる。だから自分は満足した人生を送れるんだ。そういった子どもたちがたくさん生まれることを私は願っております。ご清聴どうもありがとうございました。

子ども達は私達の未来。
教育は未来を、世界を変えるチカラがある。

◎保護者視点から考えるグローバル人材と IB ——キリロム工科大学学長、EO 日本支部・アジア理事、一般社団法人 WAOJE 代表理事　猪塚 武 氏

皆さん、こんにちは。IBDP（ディプロマプログラム）に関して、僕の経験をお話しできたらと思っております。

まず私が　誰なのかっていうのをちょっとだけ言っときますと（図1）、カンボジアで大学をつくってきました。ITの東大っていうようないわれ方をするところまで持っていきました。今回、呼んでもらった

のは子ども3人をIB校に入れてるんですけども、IB校に入れるまでいろいろ実験しててですね。人の子じゃない、うちの

子だっていうことであって、まだいいと思うんですけども。その実験結果を皆さんに公表したいと思います。あと、世界的な起業家組織の日本、アジアの理事をやってまして、このままだと日本やばいなっていうのもここでありますし、今、世界に散らばっている起業家の世界組織WAOJEの全体の代表をやってたりします。一応、早稲田と東工大を出ているという感じです。こんな人間です。

　まず、学校を何で作ったかっていうほうをちょっとだけ言っといたほうが分かりやすいかなと思うんですが。今、第4次産業革命に入っていて、日本だけじゃない全ての国のほぼ全ての

～ インプットからアウトプットの競争へ ～

産業が大混乱しているというような状況ですね（図2）。大混乱させているのが、この下にあるロゴの人たちですね。GAFA、セブンシスターズって言うんですけれども、アメリカと中国が大きいですね。日本は翻弄されているっていうような感じです。みんな、この第4次産業革命はいつまで続くのか、いつ終わるのか。いつかは終わります、必ず。で、そこに早く到達したいというのを求めていて、じゃあおたくの大学は何をするんだっていうふうに言われるんですが、われわれはその最終形を目指す学校にしたっていうことです（図3）。

なので、大学を中心とした経済圏をつくり、大学の概念とか教授の概念も変えなきゃいけないし。最近、SDGsってあって、これすごい影響があります。なので、貧富の差によらない教育とかシェアエコノミー・移働の時代とかですね、あと人間と自然の融合。コンクリートジャングルなんかいらないっていう声ですね。こういうものを実験しながら産業革命を何とか乗り切ろうというような学校をやっているっていう感じです。

じゃあなんで日本でやらないんだって言うと、やらしてもらえたらやるんで、文科省の皆さんよろしくお願いします、という感じなんですが。一応、多分、最初いろいろ怒られたに違いないということで、最初はカンボジアでやったっていう感じですね（図4）。もちろんグローバルじゃないと駄目なのでオールアジアでやる

図3
時代の背景
1. 大学を中心とした経済圏の重要性
2. 大学の概念も教授の概念も変わる
3. 貧富の差によらない教育
4. シェアエコノミー・移働の時代
5. 人間と自然の統合

ためにもビザが割と緩いカンボジアっていうのは良かったんじゃないかなと思います。

で、こんな感じで（図5）、これ、実際の学校です。学費、生活費、完全無料で英語でITでインターンシップをやっていて、倍率が25倍で。今、なんと日本人が13人、1年生で入っています。なので、アジアの学生と、あと成長企業にとってドリームスクールになるような感じでやっているところです。

これは、実はIBじゃないんですけど、IB、なんか認可されるの高いですよね。若干ね。なので、取りあえず小学校も先生のためにいるので、実験校ということで大学の中に小学校を作って開校して、まだ1カ月っていう感じですね（図6）。1カ月

～インプットからアウトプットの競争へ～

で劇的にレベルが上がっている。じゃあ最初のスタートはどうだったんだっていわれるんですが。最近、アジャイル開発っていうのがITで言われて、きょうもアジャイル都市開発っていう話があったので、われわれはアジャイル学校開発をしてるんじゃないかなというふうに思います。やっぱり文科省の方にはきっと認可されないなと思うんですけども、一応、結果を皆さんにご報告して日本の教育が良くなったらいいなと思ってます。

ここからなんですけども、猪塚家がシンガポールに移住した本当の理由っていうのをお話しします（図7）。何かというと、まず、うちの子が豊洲北小学校っていう公立で全国で一番偏差値が高い学校にうっかり行ってしまい、中学受験に巻き込まれた

図6 vKirirom International School
世界と繋がる世界最小のインターナショナルスクール
2018年9月開校

図7 猪塚家がシンガポールに移住した本当の理由
1. 中学受験の不適合
2. 華僑を見習いグローバルファミリーになる
3. ASEANの友人の子供たちに負けている・・・
   IB45点の過半数はシンガポールに。
4. 家族を安全な場所において、次のビジネスを見つける旅に出る
5. 実験結果を日本人にフィードバックするため

んですね。僕、家庭教師、長かったので、小学生は受験なんかしちゃいけないっていう哲学があったんですが、それを言うと妻が泣くんです。「周りの子はみんな行ってるのに何でうちは駄目なの」って。準備できてるか、できてないかっていうのはありますよ。うちの子は割と遅咲きの子だったので、やばいなと思いながらも仕事で忙しいし、何ともできなかったんですが、案の定、中学受験に落ちちゃったんです。何かもう死ぬ間際みたいな顔になって、妻も大泣きするし。

そこでなんか、いや、頑張ろうとか言ってもしょうがないので知らんぷりして、お父ちゃん、ちょっと世界でビジネスしたいかなっていうことにして、よし、シンガポールだっていうことで、みんな分かってるのか分かってないか、家族が分からないうちに引っ越しちゃったっていう感じです。なので、最近なんでばらしたんですけど。いや、あなたを救うためだったんだよと。なので、最近ちょっと感謝されてます。これで僕の老後は安泰なんじゃないかとちょっと思ってますけども。それが一番最初なんです。

もう一つは、友達が華僑いっぱいいます。華僑でファミリーコンスティチューション、家族に憲法があるんですね。国は信用しないっていう人たちですから。子どもの教育をどうするか。新興国って思ってたかもしれないですけど、新興国の僕の友達の子ども、とても賢いんです。全然、負けてるじゃないかっていう感じですね。IBで言うと45点っていうのがディプロマの満点ですけども、「うちの子45点だよ」という感じです。かなり危機感を感じます。僕の世代は英語できないけど、アジアの人に人間性とか能力で負けてる感じはなかったんですが、子どもの時代は負けてるなっていうのが結構、感じまして。

また、驚いたんですけどIBDPで満点をとる学生は世界に何人かいるんですけど、過半数がシンガポールなんです。シンガポール、IB受験戦争みたいな感じでみんな塾行ってるんですね。カンボジアも今、うちの子いますけど。カンボジアのIBもみんな塾行っているんです。うちは一回も塾行ってないんですけど。なので、教育界の方、IBの塾っ

～インプットからアウトプットの競争へ～

てこれからがーっともうかるかもしれないですよ。すごいことになってます。45点獲得競争ですね。

ちなみにうちのそのさっき言った子は36点ですけど、36点でもそんなに悪くないんです。シンガポールにいる日本人コミュニティーでIBやりたいっていうと大体、止められます。あなたはきっと取れないからやめましょうっていう感じ。最低必要な得点は24点なんですけど。英語ができないんで取れないんじゃないかっていうような感じで言われています。

最初、マレーシアに引っ越そうとしたんですけども、シンガポール人からマレーシアは1人で子どもがタクシー乗れないよって言われてビビッてしまってですね。一応、家族をシンガポールにおいて、僕は次のビジネスを見つけるために旅に出るというような感じです。

最後は昔、政治に立候補した。20年前ぐらいですかね、ありまして。ちょっと名残があって、まず言ったらやってみると。日本人、グローバルに行かなきゃって散々言いまくって、「おまえ、英語できないじゃん。TOEIC700あるかないかでしょう」っていう。そうだそうだと。じゃあやるぞっていうことで、実験体として飛び出してみたっていう。いきなり泣きが入りましたけど、そんな感じでやっておりました。

で、結果ですね、意外に良かったんです。猪塚家、豊洲で落ちたときはもうどうしようかと思ったんですが、長女はメルボルン大学ですね。世界ランキング32位。長男があまり勉強できないんですけど、何とかUNSWっていうところで65位でですね。次女が一番優秀なんです。今、カンボジアのIB校にいますけども、さあどうなるかなっていう感じですね。お父さんが一番、受験はエリートで。1回、東大の大学院、落ちましたけど。他は無敵なんですね。601位とか251位とか。「お父さんの大学ってレベル低いね」って。「おまえ、むかつくみたいな感じの闘いをやっていますが（図8）。

ただ、学んでいることとか考えてそんなに早稲田と東工大が劣っている感じはしないんですが、このランキングがあるので、世界中の人が

目指さないから知名度がないんですね。なので、マイナーな学校の卒業っていうふうに思われてしまうのはかなり悔しいなと

図8 猪塚家の受験成績と大学世界ランキング(THE 2017)

長女：メルボルン大学（0勝1敗）**32位**

長男：ニューサウスウェルズ大学（なし）**65位**

次女　Northbridge High School（なし）

父　早稲田/東工大（6勝1敗）**601位/251位**

子供達は1度も受験に合格してない！

いうふうに思います。世界ランキングは入学の簡単さランキングではないんですが、ただ世界就職をするときの知名度にとってはものすごい大事だなというふうに思います。ちなみに子どもたちは、一回も受験に合格したことがないっていう感じですね。なんか日本の人は損してるなとちょっと思います。

　猪塚家の子ども達3人の学校推移はどんな感じだったか。まず、豊洲北校からスタートして、不安なので分けました（図9）。シンガポールの日本人中学校、日本人小学校、あとIBスクールでOverseas Family School（OFS）っていうのがあるんですね。三つ分け

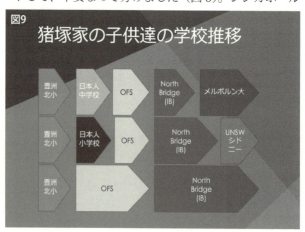

図9 猪塚家の子供達の学校推移

〜インプットからアウトプットの競争へ〜

てみて、1年たったら英語のできが劇的に違うんです。上の二つの学校は日本の公立校と比べると劇的にいいです。美術とか体育とか全部、英語でやる。イマージョン教育っていうんですか。これはすごいと思ったんです。ところが、英語力の伸びが完敗なんです。やっぱりフルIBで、一番がPTA参観に行くと、お父さん、お母さんに容赦なくアメリカ人の先生が英語でがーって言ってきて、ほとんど分からないんですね。そのお父さん、お母さんが危機感を感じることがやっぱり大事じゃないかなと、ちょっと思いますが。

そんな感じで、全員集合でOFSに行くぞと。ちょっと恋愛もあったんですけど、それをちょっと壊しまして。駄目だ、こっち行かなきゃいけないとかってちょっともめたんですが、行ったと。英語できないとなかなか入れてもらえないことが多いんですけど、このOFSというのは入れてくれて、2年たつとみんなメインクラスに行くんですね。メインクラスに行ったんで、そろそろいいかなと思って、「お父ちゃん、カンボジアに行くわ」ということでカンボジアのIBスクールに転校になります。ここもまたもめました。

順番は、カンボジア行ってからシンガポールに行ったらよかったなと思ったんですが、そうもいかないので行きましたと。結果として、メルボルン大、シドニー。こんな感じになっています。

一番下の子は「他の国に引っ越そうよ」って言ったら「嫌だ」っていう。結構、気に入ってるんですね。何がいいたいかというと、日本人はそこそこ学力があるじゃないですか。ポンと入ると順位で上のほうになるんですね。それでみんなからチヤホヤされる。特に先生からなんですけど。そういうマイナーな国のIBスクールというのは意外といいんじゃないかなと思ったりしました。

猪塚家の実験結果なんですけど、いろいろ3人でやってみて。中学1年から完全英語のインターに入るとIBじゃなくてもいいのかもしれませんが、無試験で世界ランキング100位以内の大学に入れると（図10）。ただ、もう一個、うちのプロジェクトで、日本人といろいろやってるん

ですけど。日本の高校に3年通って、日本の大学に入って交換留学で1年間、海外留学ではグローバル人材になれないと。これは

図10

猪塚家の実験結果

中学1年生から完全英語のインター(IB)に入れば受験勉強なしで世界ランキング100位以内の大学に入れる。

日本の高校に3年通い、日本の大学に入り交換留学で1年間海外留学ではグローバル人材になれない。(英語力不足!)

大学卒業時の英語レベルをIELTS8.0に設定すべき

ぜひ、今日あえて言おうと思って。ここはちょっとどうするかというのを考えてもらいたいなと思います。

ポイントは学力じゃないんです。英語能力不足なんです。英語の量が足りないので、例えば海外の大学に行ったときに授業に付いていけないんですね。4年たって帰ってきて英語できるようになりました。いや、そうじゃなくって。大学、入る前に英語できるようになってから入ってよっていうのがポイントだと思うんですね。なので、ここをどうするかはちょっと考えてもらいたいなと思います。

それと、IELTS。最近、海外に行くとIELTSが多いんですけど、8.0に英語が

図11 「英語ができる」基準は IELTS 8.0

IELTS/TOEFL/TOEIC/PTE/英検 スコア換算表目安

IELTS	TOEFL iBT	TOEFL CBT	TOEFL PBT	PTE	TOEIC	英検
9	118~120	297~300	673~677	87~90	-	
8.5	115~117	293	670	83~86	-	
8	110~114	287~290	660~667	79~82	-	
7.5	102~109	267~283	630~657	73~78	970~990	
7	94~101	250~263	600~627	65~72	870~970	1級
6.5	79~93	233~247	577~597	58~64	820~870	
6	60~78	213~230	550~573	50~58	740~820	準1級
5.5	46~59	192~212	521~549	42~49	600~740	
5	35~45	173~190	500~520	35~42	550~600	2級

Ex. キリロム工科大学

できるっていうのを設定したほうがいいんじゃないかなと思います（図11）。これはかなり政策転換とは言わないですけど、これが日本人が英語できないポイントだと思いました。資料にTOEICと英検がありますが、IELTS8の横ないんですね。TOEICというのは英語ができない日本人のために作ったテストというふうにちょっと聞いたこともあるんですけども。だから1級で英語できるとか言わないでっていう感じですね。これがポイントです。

IELTS8はどういう基準かというと、オーストラリアの大学に行って、そこで普通のオーストラリア人と対等にやって、そこで就職できるレベルです。日本に経済力があったときは多分そんなにいらなくて、英検1級ぐらいで。こっちが強いので、経済が。よかったんですけど、もう差がなくなってくると英語力が上がっちゃうんですね。ぐぐぐっと。という感じです。

資料の横にうちの大学のことを書いてありますけども、そんな、中々IELTS8とか無理なんで。うちの大学は語学スクールがビルトインされた学校なんですけども、英検2級で入って1級で出るぐらいですね。なので、これだけだと普通に採用してもらえないんで、ITの技術をすごくできるようにして、ITプラスそこそこな英語でやろうというような感じです。これはちょっとお伝えしたかったとこです。

実は子ども3人じゃなくて7人で実験してます（図12）。実験、

図12
7人の子供たちを使って実験中（7戦6勝中）

長女 20歳	□	日本人学校2年-中3からIB
長男 19歳	□	日本人学校2年-中2からIB
次女 17歳	□	小4からIB
（弟） 長男 15歳	▲	苦戦中（中1から海外） 英語ができない中学生を受け入れる学校は高い！ 大検＋キリロム工科大学に挑戦中！！
（弟） 長女 12歳	□	小2からAP ー 小5からvKIS
（弟） 次男 10歳	□	幼稚園からAP－小3からvKIS
（社員） 長女 9歳	□	幼稚園からAP －小2からvKIS

実は失敗もあったんで。失敗だけ公開したいんですけども。

実は日本の小学校を出て、カンボジアにポーンと行った子がいます。英語できないのに。そうするとどこの学校も入れてくれないんです。英語できないから。1年間どこの学校にも行かず、そんなかんなしているうちに運よく日本人学校ができたんですが、日本人学校、高校がないんです。中3まで行って、どこも行くところがなくなってどうしようっていうふうに、学年を2、3個落として、何ちゃってインターナショナルスクールっていうのがあるんですけど、カンボジアには。そこに入った。IBは高くて入れないっていうような感じでしたね。

全員、成功しないといけないので今、大検を取ろうっていうことで、大検を取ってうちの大学に入れるように頑張ろうっていうことで、一応、そこも含めて調整はしてますけども。小さい年齢からやったりシンガポールで若干お金かけてやったりしたケースは全部、英語はペラペラになってよかったです。下の3人は、vKISっていうのはうちがつくった小学校で、小学校の実験に参加してもらってます。というような感じでしょうか。

IBで良かったと思うこと（図13）。これは親視点ですけれども、無試験で世界ランキングの上位校に入れたのはすごいよかったんですが、アメリカは、IBだとなかなか入れないんですね。別途アメリカの試験を受けなきゃいけないので、ここはどうだったかなと。シンガ

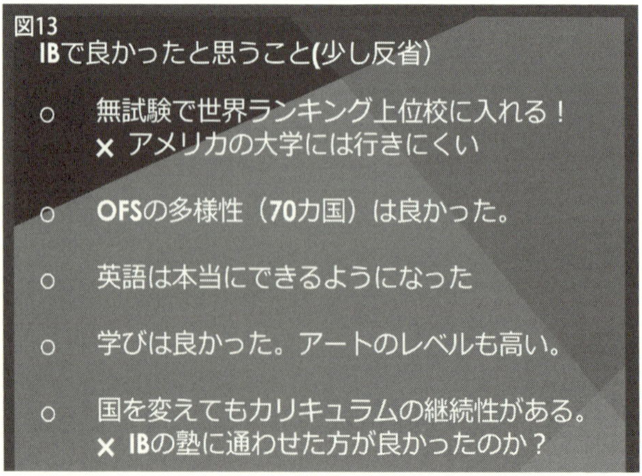

> 図13
> **IBで良かったと思うこと(少し反省)**
>
> ○ 無試験で世界ランキング上位校に入れる！
>   ✕ アメリカの大学には行きにくい
>
> ○ **OFSの多様性（70カ国）は良かった。**
>
> ○ 英語は本当にできるようになった
>
> ○ 学びは良かった。アートのレベルも高い。
>
> ○ 国を変えてもカリキュラムの継続性がある。
>   ✕ IBの塾に通わせた方が良かったのか？

～インプットからアウトプットの競争へ～

ポールの友達はアメリカンスクールに IB から転校してます。あと、OFS の多様性です。この多様性はすごかったです。70カ国ぐらいあってですね。どう多様性かって言うと「I am rich.」とか自己紹介する子どもがいて、「ちょっと見てこいよ」って行ったらすごかった。サウジアラビアの子とかですね。中国の子とか。本当にお金の面でも多様性がありました。

英語は本当にできるようになって、学びはよかった。あとはうちの子、最後、IB36点だったんですけど、アートが絶賛されたのでスパッと入れたかなっていう感じがします。作品を提出するんです。あとはもう一個。シンガポールからカンボジアに行ってるんですが、国を変えてもカリキュラムの継続性があったことがとてもよかったなと。でもIBの塾に行かしといたら、ひょっとしたら奨学金もらえたかな、回収できたかなってちょっと思ったりしますが、少し手遅れだったかなというところです。

IB コンソーシアムに期待したいことなんですけども（図14）、実はすごい困っているのが、日本語が厳しいんです。もうやめてほしいんですけど。カンボジア人は全員、7段階中7取れるんですね。日本人は5とか6とかですね。これによってトータル45点が、1点、2点が重要なんです。下がっちゃうんですね。日本人は厳しいんです。何とかここを政府の力で緩くしてもらえませんかなというふうに、これ

図14
IBコンソーシアムに期待したいこと

1. **IBの日本語評価がフェアじゃない。**

2. **高度な数学・物理のインセンティブが欲しい**

3. **日本の大学に進学する子供には日本語IBでもいいので、安価にIBが受けられること**

4. **日本の大学の授業の英語化と日本語IBの英語率の向上**

5. **英語IB提供校の拡大（猪塚家は日本語IBはNG）**

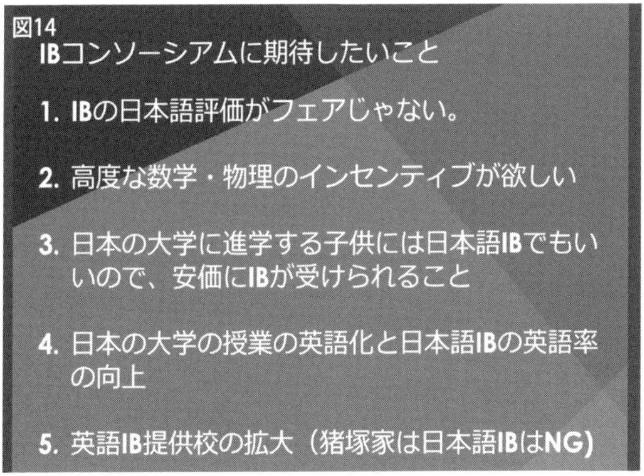

は本当に思います。うちの子はもう関係ないですが。

　もう一つが、でも 45 点至上主義なので、マスのハイとかフィジックスのハイとか取ってはいけないみたいなのがまん延してるんですけど、STEM 教育じゃないですか、世の中。やっぱりここはスコアが悪くても取ろうよというふうに言いたいところなんですが、なかなか厳しいですね。なので、ここは、日本、この数学、物理いいので、何とかググっと持っていってほしいなと思います。

　日本の IB は、最初はえーとか思ったんですが、よく考えたら大体の子どもは日本の大学に行くんですね。なので、日本の大学に進学するんだったら日本語 IB でいいと思うんですね。ポイントは IB 高いんです。シンガポールもカンボジアも、カンボジアでも年間で 250 万ぐらい払ってますね、1 人。3 人も行ってるから 750 万も払わなきゃいけないんです。なので、日本でやるときっと補助が出たりとかで IB なのにすごい安いということが実現できると思うので、ここは期待しています。

　あと、英語できるようになっても日本の大学が日本語でやってて、いまいち駄目なので、日本の大学の授業の英語化を進めてほしいなと。あと、日本語 IB で、英語でいいんですけど、できればできるだけ英語で受けるようにしてほしいなという感じですね。何でかと言うと、さっき 70 カ国いたと言ったんですけど、日本語で IB すると 1 カ国になっちゃうんですね。1 カ国プラスアルファ。多様性が欠けてしまうという感じです。

　なので、英語 IB 提供校をぜひ拡大してほしいなと。猪塚家はグローバルファミリーになる宣言をしているので、われわれだったら日本語 IB だといけないので英語が欲しいなっていうふうに思いました。

◎ IB教育を通じてどのような生徒が育つのか── IBAP日本担当地域開発マネージャー、玉川大学大学院教育学研究科　星野 あゆみ氏

こんにちは、星野と申します。よろしくお願いいたします。私はアジア太平洋地域日本担当地域開発マネージャーをしております。その仕事がどういうものなのか少しだけ最初に説明させていただければと思いますけれども、IBは世界を三つに分けて仕事をしておりまして、アジア太平洋地域の私は日本の新しく候補校申請をする関心校のサポートをさせていただいております（図1）。

新しくIBを導入したいと思う学校さんのサポートをするのが私のメインの仕事でありまして、私のような者がいろんな国に配置されています。そしてアジア太平洋地域の中心はシンガポール・オフィスにございまして、そちらにも学校をサポートするスタッフが複数名そろっております。私はこの機構の中で新しい学校のサポートをするという仕事をする以外に玉川大学の大学院でIB教員養成のプログラムで授業を担当しております。新しくIB校になりたい学校、あるいはIB校になったけれどもなかなか先生方の意識改革が進まないといったことで学び直しに来ていただいている先生方のプログラムで授業

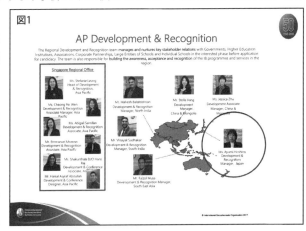

を担当しております。

この仕事に就くまでは私は長く東京学芸大学附属国際中等教育学校に勤めておりました。そこでMYPとDPの立ち上げをしまして副校長を最後、務めさせていただいたという経緯がございます。従って今日お話しする「どんなIB生が育つか」ということも前の学校の生徒の実例をご紹介することが多々あるかと思いますので、その点ご了承いただければと思います。

今年50年目を迎えましたIB、今日確認したところ146カ国の国と地域に5241のIB World Schoolと呼ばれるIBの認定校がございます(図2)。

IBは学校ではありません。IB自体は学校を持っているわけではありません。IBは認定機関

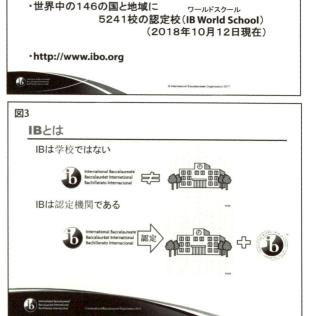

～インプットからアウトプットの競争へ～

でありますので、IBが認定した学校がIB認定校になるという形になっております（図3）。

どのような学校が認定されるのかということですけれども、IBの使命に共感していただける学校です（図4）。

一番大事なのはより良い世界、より平和な世界を築くことに貢献できる若者を育てたい、そういったことに対してチャレンジしていく意欲のある学校。学校だけが頑張るのではなく、さまざまな人々と協調しながらその目標を達成していき、そして子どもたちが生涯学習者に育っていってほしい、そして多様性をありがたく思って生かしていける、そういう子どもたちを育てたいというふうに思っております。子どもたちに対しては、10の学

図4
IBはどのような学校を認定するのか

IBの使命

国際バカロレア（IB）は、多様な文化の理解と尊重の精神を通じて、より良い、より平和な世界を築くことに貢献する、探究心、知識、思いやりに富んだ若者の育成を目的としています。

この目的のため、IBは学校や政府、国際機関と協力しながら、チャレンジに満ちた国際教育プログラムと厳格な評価の仕組みの開発に取り組んでいます。

IBのプログラムは、世界各地で学ぶ児童生徒に、人がもつ違いを違いとして理解し、自分と異なる考えの人々にもそれぞれの正しさがあり得ると認めることのできる人として、積極的に、そして共感する心をもって生涯にわたって学び続けるよう働きかけています。

図5
IBの学習者像

IB learners strive to be:

・探究する人
・知識のある人
・考える人
・コミュニケーションができる人
・信念を持つ人
・心を開く人
・思いやりのある人
・挑戦する人
・バランスのとれた人
・振り返りができる人

習者像全ての属性を持つような人材になりましょうねと日々の授業のみならず、さまざまな活動を展開していく学校という形になります（図5）。

四つのプログラムがございまして、それぞれ一つで実施していただくことも可能ですし、複数のプログラムを実施していただくことも可能になっております（図6）。

世界中の認定校は日々増えているわけで、明日見ていただきますと多分、先ほどの数字はもう既に変わっているかなと思いますけれども、少しずつ認定校は増えております。全体としてはDPの認定校が多いというのが特色になっているかと思います（図7）。

ちょっと注目していただきたいのが、インターナショ

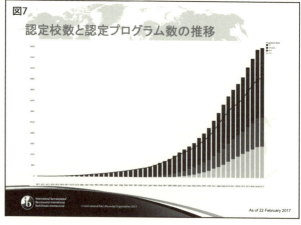

～インプットからアウトプットの競争へ～

ナルスクールで始まったIBですけれども現在、世界的に見ますと公立学校での認定が非常に多くなっておりまして、半分以上の学校が公立学校になっております（図8）。

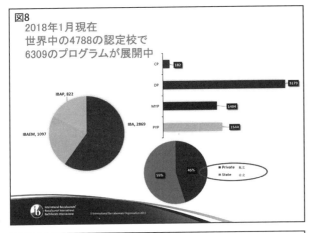

この『プログラムの基準と実践要綱』という冊子に認定校になる

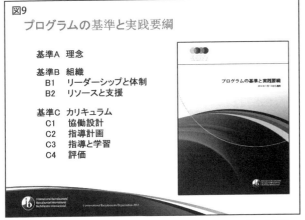

ための要件がリストアップされておりまして、その要件は理念、組織、カリキュラムに及んでおります（図9）。

ここに書かれている要件を一つ一つ満たしていただくことで認定校になっていく、大体2年から3年かかるプロセスになるかと思います。

カリキュラムとしてはさまざまな形の授業の展開が必要になってまいりますけれども、IBの教育の特色、簡単に申し上げますとまず一つ目は『探究・行動・振り返り』の探究サイクルというものを非常に

大前研一通信・特別保存版Part.12　153

大事にしています（図10）。

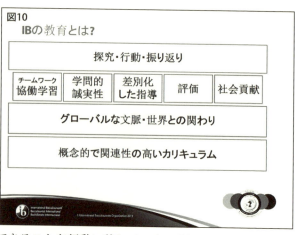

知識注入型ではなくて、自ら課題発見して探究をして、そこで生まれた責任に基づいて今、自分ができることを行動に移していく、そしてそれを振り返って次の探究につなげていく。これを身に付けることによって真の学びができると共に生涯学習者が育つというふうに考えております。この学びの中で大事にしているのが協働学習です。1人で何かを成し遂げることは今の世界、非常に難しいと思いますので今後、子どもたちが社会に出たときにさまざまなバックグラウンドの人たちと知識を持ち寄って、そして新しい課題解決を創造していけるような、そういった体験を若い頃からできるようにということでカリキュラムを考えていく学校ということが必要になってきます。それから学問的誠実性、コピペが横行しているこの世の中で自分の発見、あるいは他者の発見もきちんと尊重してありがたく使っていくということで学問的誠実性、人のものを勝手にコピペしないというというアカデミックな倫理観を持つ子どもたちを育てています。

それから子どもたちはそれぞれ学び方が違うと思いますので、できるだけ個別化した指導をしましょうということ。それから評価に関しては指導と評価を一体化するということで、必ず目的に向かって子どもたちがきちっとステップを踏んで到達できるようにしていく。具体的には評価の目安、ルーブリックを必ず生徒に提示しながら目標に達

成できるような足場作りをしていくというような指導の方法になります。そして社会貢献、大人になってから急により良い世界、より平和な世界のために貢献するのではなくて、今でもできることたくさんあると思いますので、子どもの頃からできることをやっていく、そういった習慣を身に付けるということを大事にしています。

学習内容ですけれども、とかく日本では教室で行われている授業の内容と世の中で起きていることがなかなか結び付かない状況があるかと思いますけれども、『グローバルな文脈・世界との関わり』ということで今、学んでいることが世界の動きを理解するのにこんなふうに役立つんだということを実感してもらえるような授業の展開を目指しています。それをするために知識中心ではなくて概念というものを大事にしていまして教科と教科との有機的なつながりを意識できるような学習という形になっております。

少し歴史を振り返りますと、1979年にDPを取った生徒たちは日本の高校の卒業資格と同じような扱いをしてもらえるようになりました（図11）。

しかしながら、IBの普及は日本では長くインターナショナルスクールでのみ行われていたという形になります。2000年に一条校日本の普通の学校の初めての認定が出たのが加藤学園暁秀中学校・高等学校になります。それからまたしばらくして玉川学園、そ

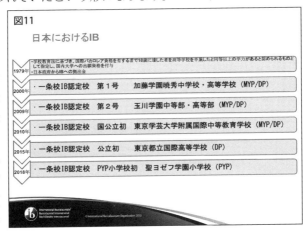

して2010年に国公立初ということで東京学芸大学附属国際中等教育学校、2015年に公立初で東京都立国際高等学校、近

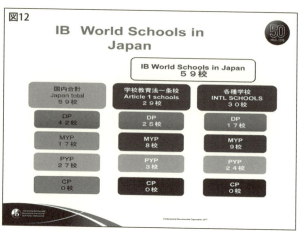

年では今年PYPの小学校の一条校の初の認定が下りているという形になっております。現在、日本には59校の認定校がございまして内訳はこのようになっております（図12）。

全体としましては一条校が29校、インターが30校になっておりますけれども、DPだけ見ていただきますと認定校の数は一条校のほうが上回っているという形となっております。DPの普及が少しずつ進んでいるかというふうに思っております。PYPに関しましては学習指導要領との整合性がなかなかうまくいかない部分もありますので日本の小学校の皆さん、大変、苦労していただいておりまして現

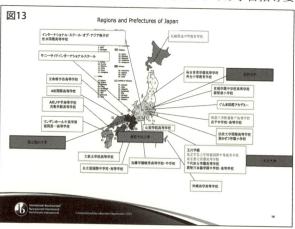

在のところ3校という形にとどまっておりますけれども、現在、候補校も先ほどありましたようにたくさんございます。公立の学校もかなり興味を示していただいていますので、これからどんどん数が増えていくかなあというふうに思っております。

　地域的には四国を除いて各地域に認定校がございます。グレーで書いてある学校が国公立ですので、多くの学校がまだまだ私学になるかと思います。それに加えまして玉川大学をはじめとしてIBの教員養成のプログラムを持っている大学も少しずつ増えてまいりました（図13）。

　IBが育てる生徒がどのようなものなのかちょっと分かっていただくために、まずディプロマというのは何かということですけれども、IBDP認定校でDPを履修し最終

図14
DP（ディプロマ）とは

IBが
　　IBDP認定校で
　　DPを履修し
　　最終試験に合格した
　　　　　生徒に与える資格

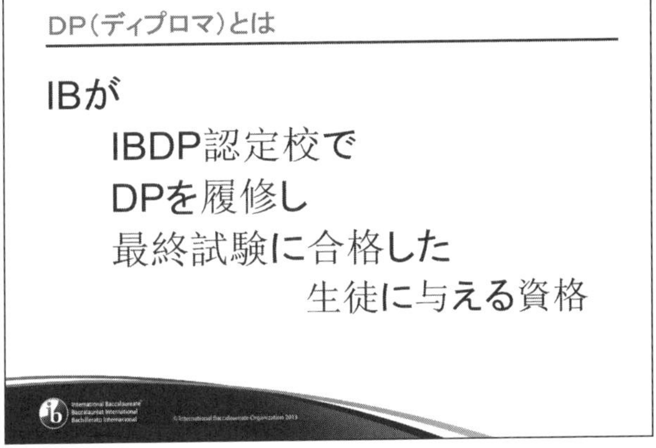

図15
歴史　上級レベル
History（近現代史）　HL　90分

1. 異なる地域の2か国における冷戦の社会的、経済的影響を比較しなさい。

2. 少数派の統合を推進することに関して政府はどの程度成功しましたか？　2つの地域からの例を挙げながら説明しなさい。

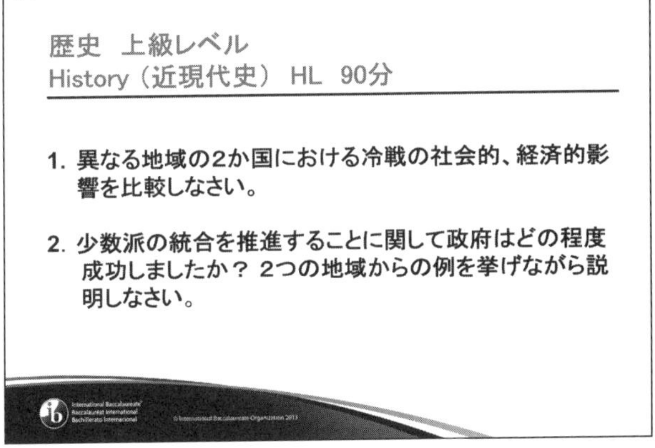

試験に合格した生徒に与える資格になります（図14）。

最終試験のサンプルを見ていただければと思いますけれども、資料は歴史の上級レベルの90分の試験になります（図15）。

2問、実際は幾つかの中から2問選ぶわけですけれども例えば、このような内容になっています。『異なる地域の2か国における冷戦の社会的、経済的影響を比較しなさい』地域は自分で選びます。授業の中で取り扱った地域でもいいですし、自分で本を読んで学んだことを使ってくれても構いませんけれども、このことに関して授業等で得た知識をうまく構成しながら自分が言いたいことを論理的に表現していくという力が必要になってきます。2問目、『少数派の統合を推進することに関して政府はどの程度成功しまし

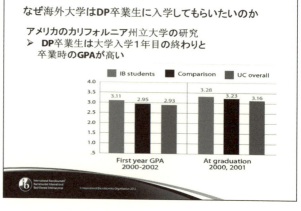

たか？ 2つの地域からの例を挙げながら説明しなさい』まずどの程度成功したのかという結論を考え、それを肉付けするエビデンスを集めてそれをまた論理的に表現していくという力が必要になってきます。

正直、私、今ここでこれはなかなか解けないなという印象がありますけれど、皆さんはいかがでしょうか。日本のセンター試験とはかなり違う力が要求されているかなあというふうに思います。先ほどのような問題を解けるようなそういう生徒を育てたいというのが一つ、IBとしての目標があるかというふうに思います。

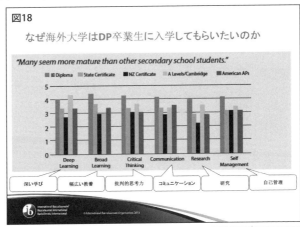

そういった生徒ですので海外の大学ではDP生を入学させたいという大学が非常に多いです。なぜかと申しますと一つはDPの卒業生は大学の卒業率が高い（図16）。

それから入学時、卒業時のGPA

が高い（図17）。

そして各大学が重要視しているさまざまなスキル、深い学びをしていたり、幅広い教養を持っていたり、批判的思考力、コミュニケーション能力、研究をする力、自己管理能力、これらを持っているというふうに海外の大学は評価していますので（図18）、DPを取った生徒たちに対して広く門戸を開けていたり、あるいは奨学金を出してくれたり、高校の単位を大学の単位として認めてくれたりというような優遇措置があります。

これは新しい学習指導要領（図19）にも書かれていることで非常に似ているかなあというふうに思っております。

また、今まではどちらかというと受け身的で独り善がりな非常に浅い学習だったかもしれませんけれども、

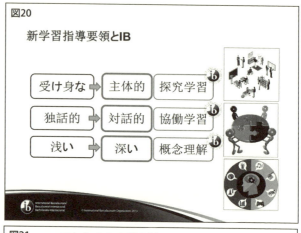

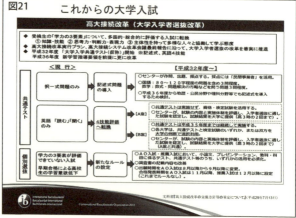

~インプットからアウトプットの競争へ~

主体的で対話的で深い学び、皆さんこれをどうやって担保していこうかというところかと思いますけれども、IBの探究学習や協働学習、概念理解を元にした学習というのは、まさにこれらを達成していく一つのツールになるのではないかなと思っております（図20）。大学入試もこれから変わってくると聞いておりますけれども、記述式が多くなるという中で先ほどのような試験の準備をしている子どもたちは新しい試験にも十分対応できるかなあと思っております（図21）。

また大学で付けるべき学士力（図22）、あるいは社会人基礎力（図23）というものとも非常に合致しているのではないかと思います。

IBだけが一つの答えではないかと思いますけれどもIBの教育をすることでこういった大学、あるいは今、社会

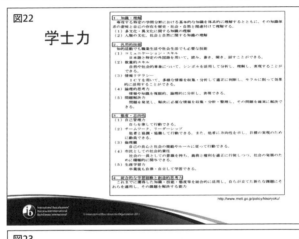

で求められている力が自然と付いていくのではないかと思っております。

このような授業を受けてIBを修了した生徒

図24 IBの認定ではどのような生徒が育つのか？

はどのような生徒になっていくのかということですけれども、IBはどんな生徒が育つのかということでちょっと世界に目を向けてみますと（図24）カナダの首相、ジャスティン・トルドー首相ですけれども実は元教員ということで非常に親近感を覚えている私なんですが、この方はIB校の卒業生です。

それから日本の宇宙飛行士の星出彰彦さんもDPの卒業生です。それから日本の社会起業家である小林りんさん、ユナイテッド・ワールド・カレッジISAKジャパンを立ち上げた方ですけどもこの方もDPの卒業生になります。ただ世界に目を向けるとなかなか分かりにくいかなと思いますので、私の経験に基づいたこんな生徒育ちますというのを少し紹介させていただければと思います。

IBを勉強しますと多分、それまではいろんな知識が教科ごとに頭の中で整理されていたのではないかなあと思いますがIBで勉強すると多分、それぞれの教科の内容の境界線がだんだん曖昧になって、教科は便宜的に分けて勉強しているけれども、これから生きていく上ではさまざまな教科のものを融合していろいろ考えていかなきゃいけないんだなあということに気が付き、その教科のバリアーというものがだんだんなくなってくる、そんな感じの勉強をするのではないかと思いま

す（図25）。

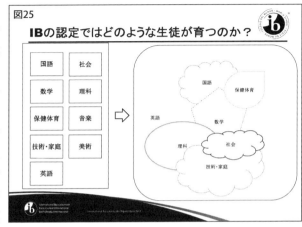

概念的で関連性の高いカリキュラムですけれども例えば、私が前勤めていた学校でMYPを始めた初期の頃、数学の図形の移動と敷き詰め模様の授業がありました。その後、美術のエッシャーの絵を勉強し、そして音楽のショパンの学習をして、このときは繰り返しという概念で学習を設定していました。単元が終わってしばらくして生徒Aが私のところにやってまいりました。「先生、最近、商店街に行って気になるんです。タイルが敷き詰めてあるんです」っていうふうに話してくれました。それから生徒Bがやって来まして「先生、EXILEのChoo Choo TRAINも図形の移動でした」って言ってくれました。そして生徒Cが私のところに来てこう言ってくれました。「先生、人間は繰り返しに美しさを求めてたのかもしれ

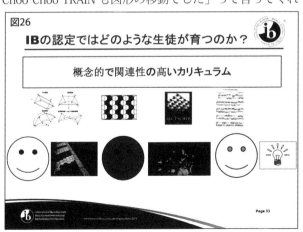

ませんね」と（図26）。

これを聞いたときに私は本当に IB の教育の力ってこういうことなんだなというふうに思いました。商店街を歩きながら、あるいは歌番組を見ながら授業で学んだことを思い出してそれに結び付けていくその力、そして繰り返しに美を求めていたというような人間の本質に迫るようなことを発見をするその力、そういった力が付くんだなあということで非常に私は感動をいたしました。

もう一つ、学問的誠実性を学ぶという話をさせていただきましたけれども、私が前勤めていた学校は海外からのお客さまが結構、来ます。ある日、中国からのお客さまが来るので中国人の生徒に「悪いんだけど、学校の紹介のビデオ、短いのでいいんだけど作ってくれる」っていうふうに頼んだんですね。こんな感じでって言って音楽も入れてくれたらありがたいなあなんて話をしていたら、その子が私に「え、先生、音楽も入れますか」って聞いてきたので私は「いいの、例えばの話よ」っていう話をして忙しかったらいいからっていうふうに言ってお願いをしました（図27）。

数日後、その生徒がやって来てくれまして「先生できました」で、見せてもらったんですね、そしたら音楽入ってたんです。なので「音楽入れてくれたのね」って私が言いました。そしたら彼が何て言ったかというと「いや先生、音楽入れたんですけれども著

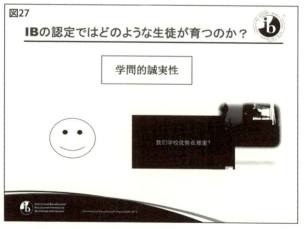

作権が気になったので音楽これ、作曲したものを入れときました」って言ってくれたんですね。音楽を作曲できるっていう、そういう力もさることながらあのとき、音楽入れますかって私に彼が聞いたときに大変だとかそういうことを言っていたんじゃなくて著作権のこと気にしてたんだというふうに思いました。常にそのようなことをきちっと考えていける生徒が育ってたんだなということで私はちょっと反省した次第です。

それからもう一つ私が前勤めてた学校には運動会のような行事がありましてスポーツフェスティバルと呼んでたんですけれども、それでは毎年、応援合戦がありまして応援合戦の講評は管理職、校長と2人いる副校長がやるということになっていました。そのいろんな運営は生徒の実行委員がやるんですけれども、実行委員長がある日、私のところにやって来まして「先生、今年の講評はこの評価の目安、ルーブリックを元にやってください」っていうふうに言ってくれました（図28）。

物事をやるときにきちんと目標があって、それを評価するときにはルーブリックがあるんだということを教師のみならず生徒がここまで分かってくれていて、そして自分たちの生活の中にこうやって活用してくれるんだっていうことで非常に感動をいたしました。そんなような生徒が育っていきます。その他にもさまざまなことを通して常日頃、授業でやりなさいって言われてないのに課題発見

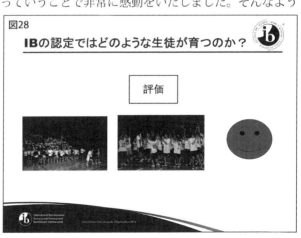

して課題解決をいろいろ研究していたりですとか、あるいは身近な不便とか不満というようなことを課題研究の題材として

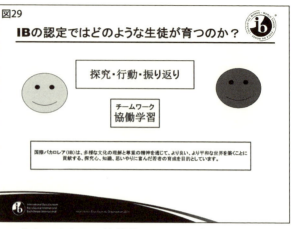

うまく生かしていたりですとか、協働学習を通して共有することの重要性に気付いて、いいこといろいろ広めたいっていう生徒たちがたくさんいまして、いろんなことを下級生に説明をしてくれるようになったわけですけれども、そのときに感心したのは対象学年によってプレゼンも見事に差別化しているということですね。

　誰にでも同じことをやるのではなくて、ちゃんと対象を見据えてプレゼンができる力、あるいは先ほど行動というのがありましたけれども防災ということを研究してた生徒たちがいまして、ある日、その生徒たちが私のところにやってきまして「先生、学校がやってる避難訓練は全然、駄目です」って言われまして、そうかあと思って、その後はその子たちのアドバイスを聞き入れながら学校の避難訓練をやるというようなことになりました。

　こんな形で大人に対してもきちんと問題提起をしていけるそういう子どもたちが育ったかなあというふうに思っております。こんな感じでアカデミックなことに関して目をキラキラさせて学んでいってそして、中学生、高校生であるにもかかわらず、より良い世界、より平和な世界に対して本当にマジで自分たちは貢献できると自信を持っている生徒たちが育っていることに非常に私は喜びを覚えました (図29)。

そのような生徒たちが育つこのIBのプログラム、ぜひ皆さまも導入をお考えいただければというふうに思っております。ありがとうございました。

3. ＩＢ教育の実例紹介 (TOK)：「国際バカロレアから教育の未来を考える」

小澤 大心　AJIS 教諭

現実の社会から逆向き設計で教育を考える

　今や国際バカロレア教育は「世界標準の教育カリキュラム」として多くの教育関係者から注目を集めている。昨今の国内における国際バカロレアの普及促進に関する動きも、目まぐるしく変化する社会に対応できるグローバル人材の育成の必要性がその背景にあると言える。そのような人材に求められる資質としては、幅広い知識の探究スキル、課題発見・解決能力、コミュニケーション能力などがキーワードとして挙げられ、これからの将来においてそのような資質を兼ね備えた上で様々な諸課題に対峙していくことが迫られる。

　そうは言うものの、実際にそれらの資質をどのようなアプローチで養っていくことができるのだろうか。これまでの日本の学校教育の現場において、目指すべき理念的なものはとかく共有されてはいるが、具体的な教室活動の中で何がなされているのだろうか。我々自身が体験した学校での日々を振り返れば自明なことではあるが、教室での学びはその多くが「テスト・試験」という名のもとで「1つの正解」に向かって、答えを導かなければならないという現実がある。このようなことを教育に携わる者が話すのはタブーなのかもしれないが、教える側と

しても、正解が一つであったほうが、テストの採点や生徒の学力評価も効率的に行えるという好都合が存在する。日々の業務で多忙化する教員が、自分の受け持つ教科の100名以上の生徒の提出物やテストを採点をしなければならないという現実も、正解主義がもたらす恩恵の陶酔に拍車をかけているのかもしれない。一方で、社会に出てみれば「正解のない問い」はあふれており、日々、それらと向き合いながら目の前の課題に対峙していくことが求められる。どんなに優秀なリーダーであっても、混とんとした経済や社会情勢の中でその時々の難しい判断を迫られる。そして、彼らが「正解」と思って判断した方策に突き進んでいった結果、さらなる困難が待ち受けていることのほうが実際には多い。そのような現実の社会から逆向き設計で日本の教育を考えれば良いはずであるが、慣習として「正解主義」に陥っている日本の教育現場の脱却は容易ではない。

　ここで一度、読者の皆さんがどのような関心があるのかを質問してみたい。おそらく本書を手に取っている皆さんは、下記のいずれかの項目に教育的な興味関心があるのではないだろうか。

- 変化が激しく、未来の予測が難しい今の、そしてこれからの社会で身につけなければならないスキルは何だろうか？
- 受験勉強などの正解主義とは異なる大事な学び方とは何だろうか？
- 課題発見力・設定力・解決力とはどのように身につくのか？
- 多様な物の見方や考え方はどのように身につくのか？
- 学びの本質とは何か？従来の学校での学びはそこに近づいているのか？
- これまでに学んだことがどのように意味あるものとなっているのか？
- 0から1を作る創造力はどのようにして養うことができるのか？

- 国語、社会、数学、理科、英語、音楽、美術、保健体育、家庭科 etc. といった学校で学んだことを、実社会の課題に対応するためにどのように使えばいいのか？（学校で勉強したことは、実生活には役に立たないのか？）
- 学校では、何故、いろいろな教科・科目をバランスよく履修しなければならないのか？（好きな教科、得意な科目だけやってちゃダメなの？）
- グローバルな時代にはどのような資質が必要か？
- チェンジ・メーカーになるには、何をしなければならないのか？

　これらすべての問いに向き合える学びがあるとしたら、日本の教育は大きく変わることができるのかもしれない。そのヒントが、国際バカロレア教育の「TOK（TheoryofKnowledge）」というコア科目にある。

TOKとは何か

　TOK（Theory of Knowledge：知の理論）は、国際バカロレアのディプロマプログラム（対象：高校2〜3年生相当）において中核となる学習の一つで、Critical Thinking（批判的思考）の育成が目指されている。多くの教科では、体系立てられた特定の専門における知識について学ぶことが目的とされているが、TOKはそのような学びではない。TOKでは、専門的な知識を学ぶ側面から少し離れて、「知識」や「物事を知る」ということは、どのようなことであるかを多用な視点で捉え直す。例えば、学習者は次のような知識にまつわる問いと向き合うことがある。

- 「知っている」とは何を意味しているのか？
- その知識は、いったい何に基づいているのか？

- 知識を"持つ"又は"持たない"とはどのような意味なのか？
- 共有された知識と個人的な知識はそれぞれどのような性質や役割、または関係性があるのか？

学ぶ人にとっては、知識に関する問題は、自己の認識の問題でもある。個々の認識においては、100人がいれば100通りの捉え方がある。特に、国際バカロレアのカリキュラムで学ぶ生徒たちは、生まれ育った国や地域などの環境も違えば、これまでの経験や体験、それに基づく思考も大きく異なる。それゆえに、生徒一人一人のこれまでの経験をもとに、各々ものの見方や考え方を再考することこそが、共通の知の基盤を構築にもつながってくる。そうした知の基盤の形成を目指すには、本質的かつ根源的な問いに向き合うことが有効であり、まさにTOKにおける学びの特徴であるといえる。

では、実際にTOKの学びのサイクルはどのようなものなのだろうか。教室での学習は、「知の掘り起こし」ともいうべき活動が行われ、おおまかに次の3つのステップに集約することが出来る。

1. 実社会における具体的な事例と向き合う
2. 事例の分析を通じて、深い問いを見出す
3. 導き出された問いを他の実社会の状況に当てはめる

それでは、実際に上記の3つのアプローチを念頭において、実際のTOKの授業を想定した形でデモンストレーションを行ってみたい。

※ TOK デモンストレーション──その1

1-(1) 実社会における具体的な事例と向き合う

　先ほども述べたように、TOK の実際の授業では実社会における具体的な事例と向き合うことからスタートする。この話は、まさに私自身が経験したことではあるが、ぜひ読者の皆さんにも自分の立場になって考えていただきたい。

　例えば、皆さんが多くの留学生が住む国際寮に住んでいたとする。そこで、あなたの役割は留学生サポーターのレジデントアシスタント（RA）である。同じフロアに住む留学生に対して、日常生活での悩みを聞いてあげることがその役割である。
　ある日、同フロアのAさんという人があなたのところへ悩ましい顔をしてやって来た。事情を尋ねると、隣のBさんの部屋から音量の大きい音楽が聞こえてきて眠れないとのことであった。Aさんは「自分が相手に苦情をいうのも癪に障るというので代わりに代弁してほしい」とあなたにお願いしてきた。もしこのような状況では、皆さんはどのように対応をするだろうか。

―誰かのために代弁してあげる―

　日本人に、このような場面でどのように対応するかを尋ねると、その多くでは「Bさんのところへ事情を尋ねに行く」という回答が聞かれる。実際に私も RA の仕事として、このように対応することが当然の職務であると考えて、Bさんのところへ行き、事情を確認したうえで音量を小さくするようにとお願いすることにした。また、Bさんに A さんが直接言うことで、二人の関係にしこりが残るかもしれないとい

うことで、私が代弁するということになった。そういう次第でBさんを訪ねて、音楽の音量のせいで周囲に眠れない人がいると伝えると、何やら不満そうな顔をされてしまった。なぜ、不満なのかと尋ねると、次のように返答が返ってきたのである。

「なぜ、今回の苦情をあなたが言いに来たのか？」

―仲裁が当然の役割と思うこと―

あなたであればBさんの、「なぜ、今回の苦情をあなたが言いに来たのか？」という言葉にどんな返答をするだろうか。「周囲の人もBさんには直接は伝えづらいといことで、私がその声を代弁するために来た」という人もいるだろう。マンションやアパートに住んでいて、同様の悩みを抱えているようであれば、「大家さんや管理人さんに苦情を伝えて、住人の生活改善を行ってもらうことは当然である」と考える人もいるかもしれない。私自身もそのように思って仲裁に入ったのであるとBさんには説明をしたのである。それでもやはり納得してもらえず、私が来たことに対して怒っている様子であった。それどころか、さらに次の言葉をBさんから投げかけられた。

「苦情があるのであれば、なぜ、困っている本人が私に直接言ってこないのか？」

―果たして正しい行為なのか？―

Bさんは続いてこのようにもまくし立てた。「音量を小さくすればいいだけの問題なのだから、困っている人が私に直接伝えてくれれば、それで済むは話なのではないか？それを、なぜRAのあなたがここにきて頼む必要があるのか？周囲の人は私を話しかけづらい人間だと思っ

ているのか？この問題自体が、誰かに仲立ちしてもらわないと解決できない問題であるのか？」正直なところ、私自身、返す言葉が出てこなかった。私自身がよかれと思って自分が仲裁に入ることしたのだが、その信念もBさんとの会話の中で揺らぎつつあった。私が来たことで、問題を余計に大きくしてしまったと言われてしまえば、そうであるのかもしれないと思わざるを得ない心境でにもなった。

―当事者同士？ あるいは仲裁？―

　Bさんの立場で考えてみれば、些細な事柄だから当事者同士で解決できた問題である、と認識していたのかもしれない。「眠ることができないので少し音量を下げてくれませんか？」と本人から直接言われれば、おそらく素直に応じることができたのだろう。それが、突然、第三者がやってきて、自身の部屋の騒音で周囲が悩んでいると伝えられることで、自分自身が他の留学生から距離を置かれて避けられている、と悲しくなったのかもしれない。また、Bさんからすれば、今回の問題は、誰かが間に入らなければ解決できないことである、と判断されたことに大きな不満を抱いたのかもしれない。別の例で例えると、当事者同士で解決ができないのであれば裁判所に仲裁を頼む、といった状況と重ね合わせることもできる。果たして今回の騒音の問題はそれほど重大なことなのだろうか。音量を下げてもらうことが、誰かに間に入ってもらわないと解決できないほどの問題なのだろうか。私が来たことでBさんは「自分は周囲より直接話しかけづらい人間であると思われている」と感じ、心が傷ついたのかもしれない。

1-(2)　事例の分析を通じて、深い問いを見出す

　これまでの事例を今一度振り返った上で、どのような問いが立てら

れるだろうか。まさに TOK では、個々の事例から根源的な深い問いを導き出すことが求められる。今回の事例においては「思いやり」について改めて問い直すきっかけになったのではないだろうか。

―思いやりってなんだろう？―

もう一度、今回の出来事を振り返って考えみたい。それぞれの立場を想定してみると次のように整理できる。

Aさん
悩みを抱えるAさんは、Bさんに苦情を直接伝えることで、関係がぎこちなくなることを避けたいと思っている。そのために、第三者に伝えてもらうことで、波風立てずに問題を解決したいと考えていた。

私（RA）
レジデントアシスタントという立場なので、誰かの悩みに対して相談に乗ってあげたうえで、必要であれば、仲立ちしてあげることが最善であると考えていた。

Bさん
自分では些細なことだと考える問題であるにも関わらず、RAが入らなければ解決できないほどの問題だと思われたことが心外だった。また、自分は周囲の人間からは話しづらいと思われているのか、と感じて悲しかった。

もしあなたが、RAの立場であるとして「思いやり」をもって職務に勤めるとしたら、どのような行動が正しいといえるだろうか。自分なりの「思いやり」をもって、誰かの悩みに親身になっていると思っていたのに、その信念を伴った行動が、逆の方向に相手に捉えられてし

まうことがあることをこの事例は示している。

―「思いやり」の背景を考える―

「思いやりが大切」という言葉は、普段の生活の中にあふれている。学校のクラス目標に掲げられていたり、他人と接したりする上でも、普段から大事にすべきことであるという認識は誰にでもあるだろう。

では、今回の事例では、RAの行動が、思いやりがあるものとしてどのように他者へ受け入れられたのだろうか。Aさんのためによかれと思ってとった行動が、Bさんからは「大袈裟」とされ、さらに「思いやりにかけた配慮のない行動」とみなされてしまうことになった。

ここで、もう少し「思いやり」について深く考えてみたい。きっと、自分なりに「思いやり」と思うその背景に、自身がそれを「正しい」とする信念に従っているところがあるのではないだろうか。「〜すれば、すべてが穏便におさまる」「自分もそうされたいから、相手もそうされたいに違いない」「周りも同じ行動をとるだろうから、この判断は正しい」などと考えて「何が正しい行動なのか」を自分の中で判断し、それを「思いやり」と決めつけている自分がいるのではなのか。

1-(3) 導き出された問いを他の実社会の状況に当てはめる

「思いやり」とは、自分がよいと思うので、相手や周囲にとってもよいだろうと思って生まれてくる心の態度かもしれないが、それを実際の行動に移してみたら、自分が期待していた結果にならない場合が、多々ある。例えば、ある国同士や地域における戦争や紛争において、国連を含めた第三国が介入することはよくある。ただし、それで本当

に根本的な問題は解決されるのだろうか。よかれと思って介入したがために、さらに問題をこじれさせ、事態がより深刻になるケースも生まれている。実際、そういった課題が国際社会には山積しており、どんなに優秀で豊富な知恵や知識があるグローバルリーダー達でも、日々答えのない問いや複雑な問題に苦戦している現状がある。また自己の信念が強すぎるために、他者との価値観のすり合わせができずに、妥協点が見つからず、先行きが見えないという状態も様々な場面で見られる。

世の中の課題を見つけるということは、テレビやニュースで騒がれているような時事問題のみに関心を持つということではない。自分の周囲で起きている些細な出来事について、普段から自分の価値観だけでなく、他者の価値観も（想定して）照らし合わせ、捉え直してみることから始まるのではないだろうか。TOKの授業ではまさに、身近な知の問題の掘り起こしのスキルを養ってくれると期待されている。「身近な課題を深く掘り下げてみる」ことで、その根っこの部分では大きな出来事にもつながっているのに気づくことにもつながる。「一を聞いて十を知る（身近なものから大きな出来事に思いをはせる）」ことができれば、学びへの関心は自然なサイクルで生まれてくるのではないか。

※ TOK デモンストレーション──その2

2-(1) 実社会における具体的な事例と向き合う

この事例は、実際に、2004年に愛媛県で起きた事故についてである。放課後にサッカーをしていた小学6年生の男児がシュートを放ったが、ボールはゴール後方の塀を越えてしまった。その時、校門前をオートバイで走行中だった85歳の男性はボールを避けようとして転倒。脚

を骨折して入院した。1年後に男性は、そのケガが原因となって死亡した。

　もし、皆さんが「この事件において、一番の責任があるのは誰か？」と尋ねられたらどのように答えるだろうか。

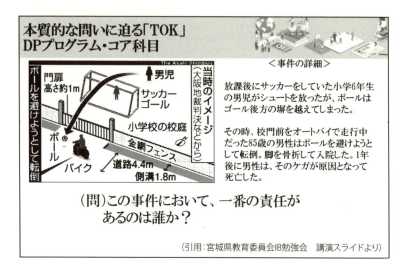

この事例に対して想定される回答は次のとおりである。
☆子どもの責任
←周りの状況をよくみて遊ぶべきであった。
☆運転手の責任
←急な飛び出しにも対応できるようにする義務があった。
☆学校としての責任
←道路に面したところにゴールを置かない。
☆両親の監督責任
←日頃より、子どもへの周囲への注意を払うようにしつけしておくべき。

2-(2) 事例の分析を通じて、深い問いを見出す

―責任を知るための方法を用いて分析してみる―

こちらの事例においては、TOKの専門用語を使って分析を試みたい。国際バカロレアのTOKの授業においては、事例を分析するにおいて、「知るための方法」を用いることがある。知るための方法とは、私たちがどのようなチャンネルを経て知識を得ているのかということである。具体的な知るための方法としては言語、知覚、感情、理性、想像、信仰、直観、記憶の8つがあり、それらが私たちの知識の生成において何かしらの役割を果たしているとされている。

これらの8つの知るための方法を用いて、先ほどの事例の責任の所在について考えてみると、次のような分析が可能となってくる。

☆子どもの責任
←被害者遺族としては直接的な原因となった子どもの行為を許せない（感情的に判断）
☆運転手の責任
←急な障害物や歩行者にも対応できるように運転しなければならないと運転免許講習で習った覚えがある（記憶をたどり判断）
☆学校としての責任
←このような事態が起きないように、ゴールを道路を背に置くべきではなかった。
（危機管理意識の欠如・想像性との関わり）
☆両親の監督責任
←民法では、責任能力を欠く12歳未満の子どもが事故などを起こした場合、監督義務者（両親）が賠償責任を負うとある。（法律の観点

から・理性とのかかわり）

　上記はほんの一例の分析の視点であるが、このような形でTOKでは「知るための方法」を分析のためのツールとして用い、それらがどのように機能するのか、またどのように相互作用するのかなどを検証していく。ここでは、責任の所在を明確に1つに定めることが目的ではなく、それらを考える際に「知るための方法」がどのような役割を果たしているのかを深く分析してみることで、改めて私たちの知をめぐる問題と向き合うことが目的である。

―問いの生成を通じて他の事例とのつながりを考える―

　さて、このように責任の所在について「知るための方法」を通じてさらに分析していく中で、根本的な問いとして「そもそも責任とはいったいどのように生じるのか？他領域や他分野において、責任はどのように捉えられているのか？」などといった問いが抽出できると考えられる。問いを生成する上で、特に大事な点としては、この事件を単独の問題として完結させるのではなく、この事例が他の物事とどのように関係しているのかを考えてみることである。1つの深い問いが、根っこの部分で他の身の回りの事象とつながっているのではないかと考える姿勢こそが、知への関心の掘り起こしへとつながるのである。

2-(3) 導き出された問いを他の実社会の状況に当てはめる

　先ほど生成された問いについてさらに他の実社会の状況に当てはめてみることにする。例えば、原子爆弾の事例について考えてみる。太平洋戦争において、広島と長崎で使用された原子爆弾によって多数の

死者が出たが、この事例において責任の所在を考えた際に、直接の使用に関わったアメリカ軍の責任を考えることも当然のように思われる。一方で、物理学者への原子爆弾開発の責任はどのように捉えられるだろうか。原爆の父として知られているロバートオッペンハイマーは「科学者は罪を知った」という言葉を残している。もし、科学者が科学的な探究心のもとで研究を進めていく中で、それが悲劇につながるようなことがあった場合は、科学者の責任とはどのように問われるべきものなのだろうか。ここでは、科学という分野における責任の所在を考えているが、他の学問領域においても、どのような諸問題につながってくると考えられるのだろうか。次のような事例も、発展的な事例として探究していく余地があると考えられる。

☆歴史学者が、時代考証を行う際に生じる責任とは何か？
☆芸術家が作品制作にあたって生じる社会的責任とは何か？
☆責任を特定するにあたり、どの知るための方法が強い影響力を持っているといえるのか？

TOKがもたらすグローバル人材の資質形成への期待

今回の事例を通じてわかる通り、TOKでは、新しいことを学ぶという側面から少し離れて、既に持っている知識に関する問いについて深く考えていくことを大切にしている。それこそが、正解のない現代的な諸課題に向き合う上で重要な資質の形成につながってくると言える。国際バカロレアではこれらを学習カリキュラムにおいて「学びの核」として落とし込むことに成功しており、その教育的な意義は大きい。一方で、皆さんが「日本の教育において核となるものは何か？」と尋ねられたらどのように答えるだろうか。「生きる力」などの教育的な理念は共有されているのかもしれないが、具体的なアプローチの部

分では、共通の見解に至ることはない。そういった意味では、国際バカロレアのディプロマプログラムで学んだ生徒は、先の質問においてTOKを含めたコアの学びを核となる学習と位置付けていると言及するだろう。世界のグローバルリーダーたちは、すでに深い問いに向きあう術を身につけているといえる。日本の教育もTOKの実践から学ぶことは多分にある。また成人を対象としたリカレント教育や企業における社内教育の場面においても、その汎用性は期待できる。日本のグローバル人材の育成は、まさにTOKのような深い知の掘り起こし作業から始めなければならない。

〈参考文献〉
- 国際バカロレア機構（2015）.「知の理論」(TOK) 指導の手引き InternationalBaccalaureateOrganization

あとがき・謝辞

最後に私事にわたるエピソードの紹介を許していただきたい。

私が高校生の頃は、ちょうどパソコンやインターネットが普及し始めた時代であった。当時は、私自身が親に携帯は持つのは許されていなかった。そこで、パソコンとインターネットが登場した時には「せめてパソコンだけは買ってほしい」と懇願した。周りの友人はメル友関係を築いていることもあり、私にもパソコンさえあれば、友達とのメールもできると思ったからであった。「パソコンは携帯ではない」という私の説得もあり、母親から購入を許され、その後はパソコンに夢中になっていった。そんな私を見て、母親は「私はウィンドウズもインターネットもよくわからない」とよくぼやいていた。きっと、母と同世代の大人たちも、パソコンとは無縁で生活してきた人は多くいるのだろう。その時、私はなんとなくではあるが、自分の親はこれからもIT機器とは無縁の人なのだろうとなんとなく思うのであった。私が大学生となり、社会人となり、そしてスマホが登場しても、やはり母親は「パソコンやスマホにはやはり慣れない」とぼやき続けていた。インターネットでの商品の注文をはじめ、スマホでものを調べるにしても、家族の誰かがサポートしてあげなければ、母親は満足に使いこなすことは到底できなかった。私は「このまま母親はIT時代には取り残されていくのだろう」と確信せざるを得なかった。

つい最近、私が実家へ帰った際に、母親と久々に外食することになった。パスタが食べたいとのことで、評判の良い店を探すことになり、私がいつものように「じゃあ、美味しい店をネットで検索してあげるよ」というと、母親は「いや、大丈夫、自分でできるから」といった。いったい何をいっているのかと一瞬耳を疑った。今までに自分ででき

た試しなどなかった母親である。いったいどうやって調べるのだろうと思っていたところ、母親は「大丈夫、スマホに聞いてみるから」といった。「スマホに聞いてみる」とは音声検索の事である。音声なら、タイピングしなくていいし、声で調べたいことを呼びかければ、スマホのAIが自動認識して、最適のアドバイスをしてくれるのである。当然ながら、私も音声検索の事は知っていたが、何に一番驚いたのかといえば「スマホに聞いてみる」というセリフであった。自分にとっては新鮮な言葉に聞こえ、IT機器と無縁であった母が急激に接近したかのように感じられた瞬間でもあった。IT時代の発展とともに、ITに取り残されたと思われた母親が、時代を経て急速に最先端でIT機器を使いこなしてるユーザーに見えた。私が母とITをつなぐ時代は終わったのだった。

　AI時代の到来とは叫ばれているが、これほど身近にそれがどういったことを意味しているのかを考える機会はなかった。生活がより容易になり、さらに便利になっていく時代の到来。これまで必要とされた複雑なITリテラシーがAIの発展の中で簡素化しているかのようにも感じられる。昔は、母親はパソコン教室に通って、少しは勉強しないとパソコンとは仲良くなれないと思っていた。しかし、今は、母親にはパソコン教室にいくことは最低条件ではなくなっている。音声検索さえ使いこなせれば、母親にとってはスマホは支配下にある。還暦を過ぎた母親が、本当の意味で「コンピューターおばあちゃん」となって、ますます日々の生活を快適に送っている様子だ。

　このエピソードは、本書におけるすべての話題のメタファーのように思われる。AI時代の到来が何を意味しているのか。今の社会にどれだけのインパクトを与えようとしてるのか。それは教師の在り方や従前の物事の学び方すらも変えようとしているようにも思われる。AI時代の到来の意味を深く考える契機は皆さんの身近な生活の中に隠れているのかもしれない。そして、もう一度深く考えてみていただきたい。

AI時代の到来はあなたにとって何を意味しているのかを。

　最後に、本書の3章に掲載戴いている坪谷ニュウエル郁子氏、猪塚武氏、星野あゆみ氏に謝辞を述べたい。諸先生方のシンポジウムでの講演録では、今後の日本における国際バカロレアの発展の要素が多分に指摘されている。今年は日本における国際バカロレアに関するコンソーシアムの発足元年でもあり、本書が今後のコンソーシアム発展の一助となることを願いたい。

アオバジャパン・インターナショナルスクール教諭　小澤 大心

THE OHMAE REPORT 大前研一通信

貴方にも隠れた真実が見えてくる!!

大前研一通信は、最新のビジネスに直結するテーマはもちろん、政治・経済、家庭・教育の諸問題からレジャーまで様々な記事を網羅し、各方面の読者の皆様から「目から鱗」と多くの支持をいただいている大前研一の発信やビジネス・ブレークスルー（BBT）の各プログラム情報などを読み、知ることが出来る会員制月刊情報誌です。「PDF版」、「送付版」、「PDF＋送付版」の3つの購読形態があり、エアキャンパスのご利用も可能。特にPDF会員の方には、エアキャンパス内での記事速報もご覧いただけます。スマートフォン他、携帯端末でも気軽に読めるデジタルLite版（Kindle、Kobo、iBooks 等）、動画版、更にプリント・オン・デマンド（POD）版やテーマ別バックナンバーセットもあり、全国の大型書店にて大前研一関連書籍（大前通信保存版シリーズ）などのブックフェアも開催、サンプル販売もしております。

サービス内容／購読会員種別		PDF会員	送付会員	PDF＋送付会員
大前研一通信（お届け方法）	PDF版ダウンロード5日発行にて専用URLにUP	○		○
	印刷物 10日発行		○	○
エア・キャンパス AirCampus	・大前研一通信記事紹介閲覧(PDFデータ等での) 速報	○		○
	・フォーラム参加（ディスカッション参加・閲覧）	○	○	○
	・ニュース機能（RSSリーダーで情報を入手）	○	○	○

大前研一流の思考方法をゲット！

◎ スマートフォン他、携帯端末でも気軽に読める
【大前研一通信デジタル (Lite) 版】＊関連映像が見れる！（動画版もあります）

■ ＊ Newsstand、＊ Fujisan.co.jp、雑誌オンライン：（年間、単月購読）
■ Kindle 版、Kobo 版、iBooks：（単月購読）

＊デジタル(Lite)版では、著作権等の都合により、送付版、PDF版に掲載される記事が一部掲載されないページがある場合がございます。

掲載記事の一部や上記の関連情報を下記でご覧になれます。

大前通信の情報誌	http://www.ohmae-report.com
フェイスブック	https://www.facebook.com/ohmaereport
POD (プリントオンデマンド) 版	A4判約40ページ【大前通信VOLオンデマンド】で検索

THE OHMAE REPORT 大前研一通信
http://www.ohmae-report.com/

■お申し込み・お問い合わせ先
大前研一通信事務局　〒102-0084
東京都千代田区二番町3番地
麹町スクエア2F
フリーダイヤル
0120-146-086　FAX:03-3265-1381
E-mail：customer@bbt757.com

世界中にインパクトを与えた起業家が
コンピュータに出会い
プログラミングに夢中になった年齢

Apple / Steve Jobs
13歳頃には電子部品をガレージで組み立てて電子機器を製作。
リード大学中退

Google / Larry Page
6歳頃からコンピュータを始める。
スタンフォード大学
(コンピュータ科学修士)

Facebook / Mark Zuckerberg
12歳頃からプログラミングを始める。
ハーバード大学工学部コンピュータ学科中退

特長1

学ぶのは「プログラミング」だけじゃない
アイデアを形にする「ビジネス」「教養」も!

アイデアを形に変える	アイデアをお金に変える	アイデアを生み出す源泉
プログラミング	× ビジネス	× リベラルアーツ(教養)

= **稼ぐ力**

特長2

オンラインだから自分のペースで
どこにいても学べる!

募集中のコース

小中高生向け — 親子にオススメ!!

《全コース共通》
【期間】3か月間
【受講料】9万円(+入会金1万円、すべて税別)
※継続の方は入会金はかかりません

1) 入門編101:プログラミングが初めての方向け
2) 基礎編201:テキストプログラミング言語が初めての方向け
3) 基礎編202:テキストプログラミング言語を学んだことのある方向け

大学生 社会人向け — New!!

《全コース共通》
【期間】3か月間
【受講料】12万円(+入会金1万円、すべて税別)
※継続の方は入会金はかかりません

1) AIシリーズ AI & Python
Pythonを通して再帰的考え方や探索手法などアルゴリズムを学び、高度なプログラミングにも対応できる力を身につける講座

2) AIシリーズ Machine Learning (1)
AIを身近なシステムに実装することによって、具体的にAIが理解できる力を身につける講座

p.school
[プログラミングスクール]

https://pschool.bbt757.com/
Tel.03-6380-8707
E-mail:p.school@bbt757.com

詳細はHPで!
p.school BBT 検索

「真のリーダー」実践養成プログラム
大前研一 総監修

再起動せよ！日本のリーダー達！
── 今こそ、時代が求める「真のリーダー」へ
リーダーシップ・アクションプログラム

プログラムの特長① 大前が定義するリーダーに必要なスキルの修得

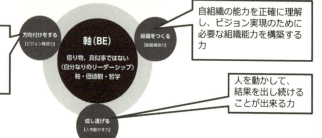

業界の本質的変化の理解とFactに基づいた分析により、方向性を戦略的に決め、ビジョンを打ち出す力

自組織の能力を正確に理解し、ビジョン実現のために必要な組織能力を構築する力

人を動かして、結果を出し続けることが出来る力

プログラムの特長② 1年間、実践、対話、内省を繰り返し、リーダーとしての気づきを得るカリキュラム

リーダーシップ（態度）を短期間で習得することは不可能です。1年間じっくりと時間をかけ、リアルでの集合研修やコーチング、オンラインによる映像講義、講師や受講生とのディスカッション等、様々なコンテンツを通して内省し、行動変容に繋げていきます。

プログラムの特長③ グループワーク

後半6ヶ月間で、様々なバックグラウンドを持つ受講生4～5名でグループを組み、【射陽・成熟業界を選択し、ターンアラウンドするための戦略を立案する】というテーマでグループワークに取り組んで頂きます。様々な分析スキル（ハードスキル）の習得だけではなく、コミュニケーション、チームビルディング等のソフトスキルについても実践を通じて身につけることが可能です。また、チームシナジーを発揮するための"関係性の質"の高め方や、軸＜自分なりのリーダーシップ＞についても新たな気づきを得られます。

◆お問い合わせ・お申込み先◆
ビジネス・ブレークスルー大学 オープンカレッジ リーダーシップ・アクションプログラム 事務局
〒102-0084　東京都千代田区二番町3番地 麹町スクエア2F
TEL0120-910-072（平日：9:30～18:00）
Email: leader-ikusei@ohmae.ac.jp　HP: https://leadership.ohmae.ac.jp/

No.1 ビジネス・コンテンツ・プロバイダー
株式会社ビジネス・ブレークスルー

大前研一総監修の双方向ビジネス専門チャンネル (http://bb.bbt757.com/)
ビジネス・ブレークスルー（BBT）は、大前研一をはじめとした国内外の一流講師陣による世界最先端のビジネス情報と最新の経営ノウハウを、365日24時間お届けしています。10,000時間を超える質・量ともに日本で最も充実したマネジメント系コンテンツが貴方の書斎に！

アオバジャパン・バイリンガルプリスクール（晴海・芝浦・早稲田・三鷹）
日本語／英語のバイリンガル教育と世界標準（国際バカロレア）の教育を提供するプリスクール。探究型学習で好奇心旺盛な自立した子どもを育成します。1歳からお預かり可能。
お問合せはHP経由で各キャンパスまで！ URL: http://www.aoba-bilingual.jp/

アオバジャパン・インターナショナルスクール
国際バカロレア一貫校。幼少期から思考力、グローバルマインドを鍛える。光が丘と目黒にキャンパスあり。
TEL：03-6904-3102 E-mail：reception@aobajapan.jp URL：www.aobajapan.jp

サマーヒルインターナショナルスクール（元麻布）
国際バカロレアPYP認定校。15か月から6歳までの国際色豊かな子供たちが学ぶプリインターナショナルスクール。
TEL：03-3453-0811 E-mail：info@summerhill.jp URL：https://www.summerhill.jp/

ビジネス・ブレークスルー大学　経営学部　〈本科　四年制／編入学　二年制・三年制〉
日本を変えるグローバルリーダーの育成！通学不要・100%オンラインで学士号（経営学）を取得できる日本初の大学。社会人学生8割。
TEL:0120-970-021 E-mail：bbtuinfo@ohmae.ac.jp URL：http://bbt.ac/

公開講座
- ◆**問題解決力トレーニングプログラム**　大前研一総監修　ビジネスパーソン必須の「考える力」を鍛える
  TEL：0120-48-3818 E-mail：kon@LT-empower.com URL：http://www.LT-empower.com
- ◆**株式・資産形成力養成講座**　資産形成に必要なマインドからスキルまで、欧米で実践されている王道に学ぶ！
  TEL：0120-344-757 E-mail：shisan@ohmae.ac.jp URL：https://asset.ohmae.ac.jp/
- ◆**実践ビジネス英語講座（PEGL）**　グローバルでも稼ぐ時代。大前流「仕事で結果を出す」ビジネス英語プログラム　TEL：0120-071-757 E-mail：english@ohmae.ac.jp URL：https://pegl.ohmae.ac.jp/
- ◆**リーダーシップ・アクションプログラム**　大前研一の経験知を結集した次世代リーダー養成プログラム
  TEL：0120-910-072 E-mail：leader-ikusei@ohmae.ac.jp URL：https://leadership.ohmae.ac.jp/

ビジネス・ブレークスルー大学大学院　どこでも学べるオンラインMBAで、時代を生き抜く"稼ぐ力"を体得！
検索ワードはこちら：「BBT大学院」TEL:03-5860-5531 E-mail: bbtuniv@ohmae.ac.jp
・社内起業家養成プログラム　大前研一がマンツーマンで指導。新規事業を生み出す6ヶ月間の集中プログラム。
E-mail: bbtuniv@ohmae.ac.jp URL: https://www.ohmae.ac.jp/idp

BOND大学ビジネススクール-BBTグローバルリーダーシップMBAプログラム（AACSB & EQUIS国際認証取得）
英語×日本語または英語100%でオーストラリアの名門BOND大学によるグローバル標準の海外正式MBAプログラム
TEL：0120-386-757 E-mail：mba@bbt757.com URL：http://www.bbt757.com/bond

大前研一のアタッカーズ・ビジネススクール（起業家養成スクール）
ビジョンや夢を実現させるビジネススクール。設立20年の歴史を持ち、810社起業（内11社上場）
TEL：0120-059-488 E-mail：abs@bbt757.com http://www.attackers-school.com/

大前経営塾
次代の経営を担う同志が集う！大前メソッドで世界的視野・本質的思考を身につける
TEL：03-5860-5536 E-mail：keiei@bbt757.com URL：http://www.bbt757.com/keieijuku/

ツーリズム リーダーズ スクール（観光経営プロフェッショナル育成プログラム）
観光地開発および経営を実践できる人財育成のためのオンラインスクール
TEL：03-5860-5536 E-mail：tls-info@bbt757.com URL：http://tourism-leaders.com/

BBT X PRESIDENT EXECUTIVE SEMINAR
ATAMIせかいえで年に4回開催される大前研一他超一流講師陣による少人数限定エグゼクティブセミナーです。
TEL：03-3237-3731 E-mail：bbtpexecutive@president.co.jp URL：http://www.president.co.jp/ohmae

お問い合わせ・資料請求は、TEL：03-5860-5530 URL：http://www.bbt757.com/

大前研一通信 特別保存版シリーズ

自ら人生の舵を取れ！ Find yourself Lead yourself（大前研一通信特別保存版 Part.11）
ISBN978-4-9902118-9-9、四六判 208 頁、2017/3/13、定価（本体 1,300 円＋税）
デジタル・ディスラプション時代を乗り切るための真のリーダーシップを探求する書。

答えのない世界〈グローバルリーダーになるための未来への選択〉（大前研一通信特別保存版 Part. X）
ISBN978-4-9902118-8-2、四六判 240 頁、2017/3/10、定価（本体 1,300 円＋税）
未来を予見することが困難な 21 世紀のグローバル社会における IB 教育の必要性を詳解。

世界への扉を開く "考える人" の育て方（大前研一通信特別保存版 Part. IX）
ISBN978-4-9902118-7-5、四六判 240 頁、2016/3/18、定価（本体 1,300 円＋税）
グローバルな思考ができる人材育成に必須な国際バカロレア（IB）教育を紹介。

グローバルに通用する異能を開花する（大前研一通信特別保存版 Part. VIII）
ISBN978-4-9902118-6-8、四六判 224 頁、DVD 付き、2015/2/13、定価（本体 1,500 円＋税）
世界に通用する能力を開眼させるために、自身が、我が子が、必要なことは何かを提言。

挑戦〈新たなる繁栄を切り開け！〉（大前研一通信特別保存版 Part. VII）
ISBN978-4-9902118-5-1、四六判 211 頁、DVD 付き、2013/10/25、定価（本体 1,500 円＋税）
日本のビジネスパーソンに著しく欠如している世界に挑戦する「気概」を鼓舞。

進化する教育（大前研一通信特別保存版 Part. VI）
ISBN978-4-905353-92-8、四六判 213 頁、DVD 付き、2012/11/16、定価（本体 1,500 円＋税）
世界に飛躍する人材育成を提示し、進化する「学び」のスタイルを公開した書。

警告〈目覚めよ！日本〉（大前研一通信特別保存版 Part. V）
ISBN978-4-905353-22-5、四六判 180 頁、DVD 付き、2011/11/11、定価（本体 1,500 円＋税）
危機迫る世界経済における新生日本に向けて放った 5 つの警告とは何か。

慧眼〈問題を解決する思考〉（大前研一通信特別保存版 Part. IV）
ISBN978-4-930774-84-2、四六判 192 頁、DVD 付き、2010/11/12、定価（本体 1,500 円＋税）
隠れた真実を見抜き、問題を発見して解決する実践的思考法を公開、伝授。

パスファインダー〈道なき道を切り拓く先駆者たれ!!〉（大前研一通信特別保存版 Part. III）
ISBN978-4-930774-49-1、四六判 160 頁、DVD 付き、2009/12/4、定価（本体 1,500 円＋税）
答えの見えない時代を突き抜けるための「学び」を凝縮したメッセージ集。

知的武装 金言集（大前研一通信特別保存版 Part. II）
ISBN978-4-930774-11-8、四六判 192 頁、2008/11/18、定価（本体 1,000 円＋税）
社会を生き抜くために、全てのビジネスパーソンに贈る珠玉のメッセージ。

マネーハザード金言集（大前研一通信特別保存版 Part. I）
ISBN978-4-930774-05-7、四六判 124 頁（2 冊セット）、2007/11/12、定価（本体 800 円＋税）
日本人が資産形成に目覚め、国に頼ることなく自衛するためのバイブル書。

ビジネス・ブレークスルー出版
〒 102-0084 東京都千代田区二番町 3 番地　麹町スクエア 2F　TEL 03-5860-5535 FAX 03-3265-1381

◎編著者プロフィール

大前 研一（おおまえ けんいち）

1943年、北九州市生まれ。早稲田大学理工学部卒業。東京工業大学大学院で修士号、マサチューセッツ工科大学大学院で博士号を取得。経営コンサルティング会社マッキンゼー＆カンパニー日本支社長、本社ディレクター、アジア太平洋会長等を歴任。94年退社。96～97年スタンフォード大学客員教授。97年にカリフォルニア大学ロサンゼルス校（UCLA）大学院公共政策学部教授に就任。

現在、株式会社ビジネス・ブレークスルー代表取締役会長。オーストラリアのボンド大学の評議員（Trustee）兼名誉客員教授。

また、起業家育成の第一人者として、2005年4月にビジネス・ブレークスルー大学院大学を設立、学長に就任。02年9月に中国遼寧省および天津市の経済顧問に、また2010年には重慶の経済顧問に就任。04年3月、韓国・梨花大学国際大学院名誉教授に就任。『新・国富論』『平成維新』『新・大前研一レポート』等の著作で一貫して日本の改革を訴え続ける。

『個人が企業を強くする』『発想力』『50代からの「稼ぐ力」』（小学館）、『日本の論点2019～20』『新しい消費者』『デジタルシフト革命』（プレジデント社）、『2019年の世界』（マスターピース）など著作多数。

企画・編集	小林豊司
ブックデザイン	霜崎穂奈美
本文デザイン・DTP	小堀英一
執筆・寄稿	坪谷ニュウエル郁子／猪塚武／星野あゆみ／伊藤泰史／宇野令一郎／小澤大心
出版協力	柴田巖／政元竜彦／吉田恵美／安藤涼／金子香／岩本結希／丸山果織／小出千夏／小熊万紀子／板倉平一／瀧本清香／小野千晶／馬場隆介／大枝章吾／森勝広／林祐介

AI時代に必要な学び
～インプットからアウトプットの競争へ～

大前研一通信・特別保存版 Part.12

2019年3月15日　初版第1刷発行
2019年3月28日　初版第2刷発行

編著者	大前 研一／ビジネス・ブレークスルー出版事務局
発行者	株式会社ビジネス・ブレークスルー
発行所	ビジネス・ブレークスルー出版 東京都千代田区二番町3番地 麹町スクエア 2F（〒102-0084） TEL 03-5860-5535　FAX 03-3265-1381
発売所	日販アイ・ピー・エス株式会社 東京都文京区湯島1-3-4（〒113-0034） TEL 03-5802-1859　FAX 03-5802-1891
印刷・製本所	株式会社シナノ

© Kenichi Ohmae　2019　printed in Japan
ISBN978-4-9910281-0-6